westermann

Arndt Beiderwieden

Marketing

Arbeitsbuch

6. Auflage

Bestellnummer 36487

Die in diesem Produkt gemachten Angaben zu Unternehmen (Namen, Internet- und E-Mail-Adressen, Handelsregistereintragungen, Bankverbindungen, Steuer-, Telefon- und Faxnummern und alle weiteren Angaben) sind i. d. R. fiktiv, d. h., sie stehen in keinem Zusammenhang mit einem real existierenden Unternehmen in der dargestellten oder einer ähnlichen Form. Dies gilt auch für alle Kunden, Lieferanten und sonstigen Geschäftspartner der Unternehmen wie z. B. Kreditinstitute, Versicherungsunternehmen und andere Dienstleistungsunternehmen. Ausschließlich zum Zwecke der Authentizität werden die Namen real existierender Unternehmen und z. B. im Fall von Kreditinstituten auch deren IBANs und BICs verwendet.

Zusatzmaterialien zu „Marketing“

Für Lehrerinnen und Lehrer

Material inklusive Lösungen: 978-3-427-36489-4
Material inklusive Lösungen Download: 978-3-427-36488-7

Buch +Web

Zu diesem Produkt sind digitale Zusatzmaterialien kostenlos online für Sie erhältlich. Sie können diese ganz einfach über die Eingabe des nachfolgenden Codes im Suchfeld unter www.westermann.de abrufen.

BVE-36487-001

westermann GRUPPE

Druck und Bindung: Westermann Druck GmbH, Georg-Westermann-Allee 66, 38104 Braunschweig

ISBN 978-3-427-**36487**-0

Vorwort

Liebe Schülerinnen und Schüler,
zunächst möchten wir Ihnen einige Fragen beantworten, die sich zu diesem Buch stellen:

Was versteht man unter Marketing?

Im engeren Sinne versteht man unter Marketing die Vermarktung von Produkten und Dienstleistungen eines Unternehmens. Im weiteren Sinne ist Marketing die markt- und kundenorientierte Unternehmensführung, also die Ausrichtung aller betrieblichen Prozesse auf die Kundenbedürfnisse. Ich selbst habe im Marketing eines Industriebetriebes gearbeitet und weiß zu berichten, dass Marketing ein vielseitiges und spannendes Themengebiet ist: Da ist für jeden etwas dabei!

Wie arbeite ich mit diesem Buch?

- Schauen Sie bitte zu Stundenbeginn kurz in das **Inhaltsverzeichnis**. Es hilft Ihnen, fachliche Zusammenhänge zu verstehen und die Übersicht zu behalten.
- Lesen Sie bitte immer erst die **Infotexte** (blau hinterlegt), bevor Sie mit den Arbeitsaufträgen beginnen.
- Fachbegriffe finden Sie im **Glossar** und im **Sachwortverzeichnis** am Ende des Buches.
- Am Ende jedes Kapitels finden Sie im Abschnitt **Kompaktwissen** Zusammenfassungen und Begriffsübersichten. Diese helfen Ihnen bei der Vorbereitung von Klausuren und Prüfungen.
- Irren ist menschlich. Deshalb verwenden Sie bitte für die Arbeit mit diesem Buch einen **weichen Bleistift** (wir empfehlen einen Druckbleistift mit 0,7 B-Minen) und ein **Radiergummi**.
- Nutzen Sie auch die Download-Materialien. Geben Sie dazu einfach den Mediencode (Seite 2) im Suchfeld des Westermann-Onlineshops ein.
- Prüfen Sie Ihre persönlichen Lernfortschritte mit der **Kann-Liste** auf Seite 126 ff.

Welche Titel gibt es noch in dieser Reihe?

Ein kleiner Hinweis

Aus Gründen der Lesbarkeit wird im Text bei Begriffen, die sich auf Personengruppen beziehen, die männliche Form verwendet. Angesprochen sind selbstverständlich alle Geschlechter.

Danke schön!

Abschließend möchte ich mich bei allen Personen bedanken, die mich bei der Entwicklung dieses Titels tatkräftig unterstützt haben, insbesondere bei den Praktikern Udo Klüwer, Dr. Detlef Hanisch und Ralf Hanisch sowie bei meinen Kollegen Andreas Russ und Rainer Müller. Ich freue mich auch über Ihre Anregungen und Kritik, die Sie mir jederzeit über den Verlag zukommen lassen können.

Arndt Beiderwieden

Inhaltsverzeichnis

A Einführung

Erkunden der Careli GmbH

Das Unternehmen Careli GmbH ist ein mittelständischer Hersteller hochwertiger und einzigartiger Taschen mit Sitz in Bremen. Das Unternehmen hat seit jeher das Image, dass es in Fragen der Produktgestaltung seine eigenen Wege geht: Alle Produkte sind bis in jedes Detail durchdacht und überraschen die Kunden immer wieder mit ungewöhnlichen, praktischen Lösungen, welche allen Alltagsanforderungen gerecht werden. Die Originalität seiner Ideen bringt das Unternehmen in folgendem Slogan in jeder Werbekampagne zum Ausdruck:

Careli – Wir können auch anders!

Zielgruppe sind Individualisten, welche sich nicht mit gewöhnlichen 08/15-Produkten zufrieden geben wollen und bereit sind, höhere Preise für Life-Style-Produkte zu bezahlen. Die Preise liegen deutlich über dem Durchschnitt, nicht zuletzt aufgrund der hohen Kosten des Unternehmens: Careli beschäftigt hoch qualifizierte Fachkräfte und betreibt einen modernen Maschinenpark. Produziert wird ausschließlich in Deutschland.

Unternehmensgründer Peter Careli

Geschichte des Unternehmens

1978 Der Designer und Querdenker Peter Careli gestaltet erfolgreich neuartige Handtaschen für eine Modemesse in Köln.

1985 Careli erwirbt eine Produktionsanlage, gründet die Careli GmbH und bietet nun auch Akten- und Reisetaschen an.

1987 Die Careli GmbH nimmt Outdoor-Rucksäcke in ihr Produktprogramm auf.

2005 Die Careli GmbH stellt den einhundertsten Mitarbeiter ein.

2012 Die Careli GmbH errichtet eine neue Produktionshalle in Bremen Sebaldsbrück.

Unser Leitbild zur Nachhaltigkeit

- **Ökologische Nachhaltigkeit:** Wir arbeiten mit ökologisch unbedenklichen Rohstoffen und optimieren unsere Produktionsverfahren mit Blick auf kurz- und langfristige ökologische Auswirkungen.
- **Ökonomische Nachhaltigkeit:** Wir streben ein stetiges und moderates Unternehmenswachstum an, um unser Unternehmen und damit auch unsere Arbeitsplätze langfristig am Markt zu erhalten.
- **Soziale Nachhaltigkeit:** Wir schaffen Rahmenbedingungen, die dazu führen, dass sich alle unsere Mitarbeiterinnen und Mitarbeiter bei ihrer Arbeit wohlfühlen und fair entlohnt werden.

Steckbrief Careli GmbH	
Jahresumsatz	76,2 Mio. €
Absatzregionen	Deutschland, Frankreich, Spanien
Mitarbeiter/-innen	174
Rechtsform	GmbH
Sitz	Bremen Findorff
HR-Eintrag	HRB 3780

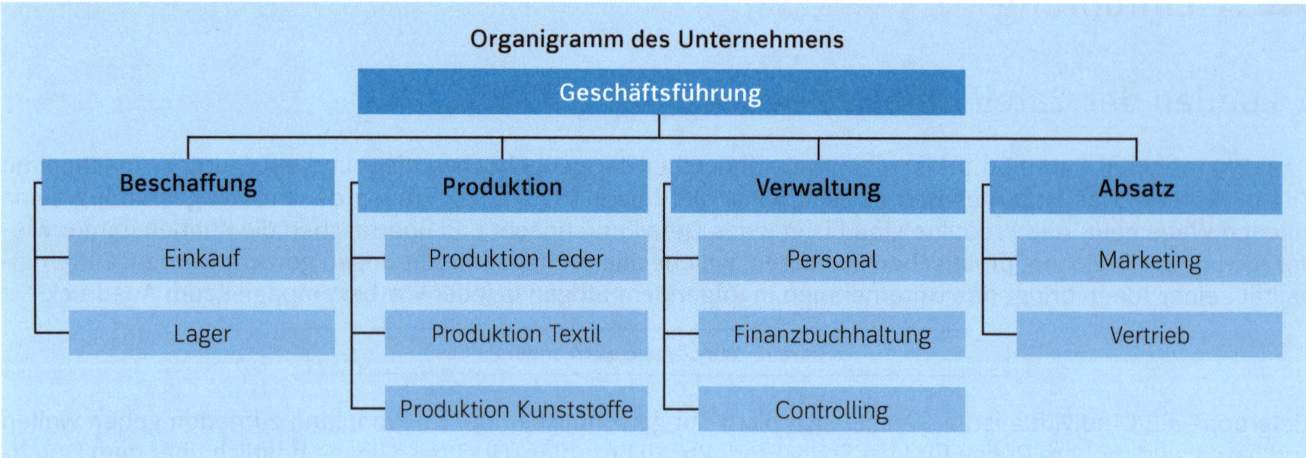

Artikelliste Careli GmbH

Artikel-Nr.	Produkt	Bezeichnung	Produktmerkmale	Preis (€)
Produktgruppe 1: „business“				
1-001	Aktentasche	Excellence	Kunstfaser, schwarz	149,00
1-002	Aktentasche	Comfort	Kunstfaser, grau	149,00
1-003	Aktentasche	Broker	Kunstfaser, braun	149,00
1-004	Aktentasche	Trade	Leder, grün	169,00
1-005	Aktentasche	Consult	Leder, schwarz	169,00
1-006	Aktentasche	Oversea	Leder, braun	169,00
Produktgruppe 2: „traveller“				
2-001	Reisetasche	Berlin	Kunstfaser, schwarz	119,00
2-002	Reisetasche	München	Kunstfaser, blau	119,00
2-003	Reisetasche	Köln	Textil, schwarz	129,00
2-004	Reisetasche	Bremen	Textil, beige	129,00
2-005	Reisetasche	London	Textil, blau	159,00
2-006	Reisetasche	Madrid	Textil, grün	159,00
Produktgruppe 3: „female“				
3-001	Handtasche	Monique	Leder, braun	159,00
3-002	Handtasche	Madeleine	Leder, beige	159,00
3-003	Handtasche	Chantal	Leder, rot	159,00
3-004	Handtasche	Elena	Textil, braun	129,00
3-005	Handtasche	Viva	Textil, beige	129,00
3-006	Handtasche	Elle	Textil, rot	129,00
Produktgruppe 4: „outdoor“				
4-001	Rucksack	Nordwind	Kunstfaser, schwarz	149,00
4-002	Rucksack	Sahara	Kunstfaser, beige	149,00
4-003	Rucksack	Explorer	Kunstfaser, grün	149,00

ARBEITSAUFTRÄGE

1. Suchen Sie die entsprechenden Abteilungen aus dem Organigramm heraus und ordnen Sie diese den beschriebenen Funktionen richtig zu. Fassen Sie dabei die drei Teilproduktionen zur Abteilung „Produktion" zusammen.

Abteilung	Funktion
	Aufbau und Pflege der Kundenkontakte sowie Verkauf vor Ort
	Einlagern und Ausliefern von Material und Produkten
	Herstellung von Halbfertig- und Fertigteilen
	Erfassen aller betrieblichen Vorgänge und Vermögensteile in Zahlen
	Erfassen und Aufbereiten betrieblicher Kosten und Leistungen
	Langfristige Planung und Vermarktung des Produktprogramms
	Beschaffung, Verwaltung, Förderung und Freistellung der Mitarbeiter/-innen
	Beschaffung von Roh-, Hilfs- und Betriebsstoffen
	Leitung und Koordination aller Aktivitäten

2. Kreuzen Sie die zuständige Abteilung an:

Nr.	Prozess	Abteilung							
		EK	La	Pr	Pe	FIBU	Co	Ma	Ve
1	Analysieren von Bewerbungsunterlagen								
2	Planen einer Kundenbefragung								
3	Analysieren der betrieblichen Kosten								
4	Erstellen der Bilanz								
5	Optimieren der Maschinenlaufzeiten								
6	Vergleichen von Lieferantenangeboten								
7	Durchführen von Soll-Ist-Vergleichen								
8	Kommissionieren der Ware (versandfertig machen)								
9	Beraten der Kunden								
10	Umsetzen einer Werbekampagne								
11	Erstellen von Gehaltsabrechnungen								
12	Buchen von Ein- und Ausgangsrechnungen								
13	Ermitteln neuer Bezugsquellen								
14	Festlegen der Vertriebswege								
15	Führen von Verkaufsgesprächen								
16	Umrüsten von Maschinen								
17	Be- und Entladen der LKW								
18	Entwickeln von Preisstrategien								

EK = Einkauf La = Lager Pr = Produktion Pe = Personal FIBU = Finanzbuchhaltung Co = Controlling Ma = Marketing Ve = Vertrieb

Entwickeln einer Marketing-Landkarte

ARBEITSAUFTRÄGE

1. Tragen Sie die kursiv gedruckten Fachbegriffe aus dem nachfolgenden Interview mit dem Leiter der Marketingabteilung, Dr. Hanisch, in das Schema ein. Nehmen Sie bei Bedarf auch das Glossar zuhilfe.

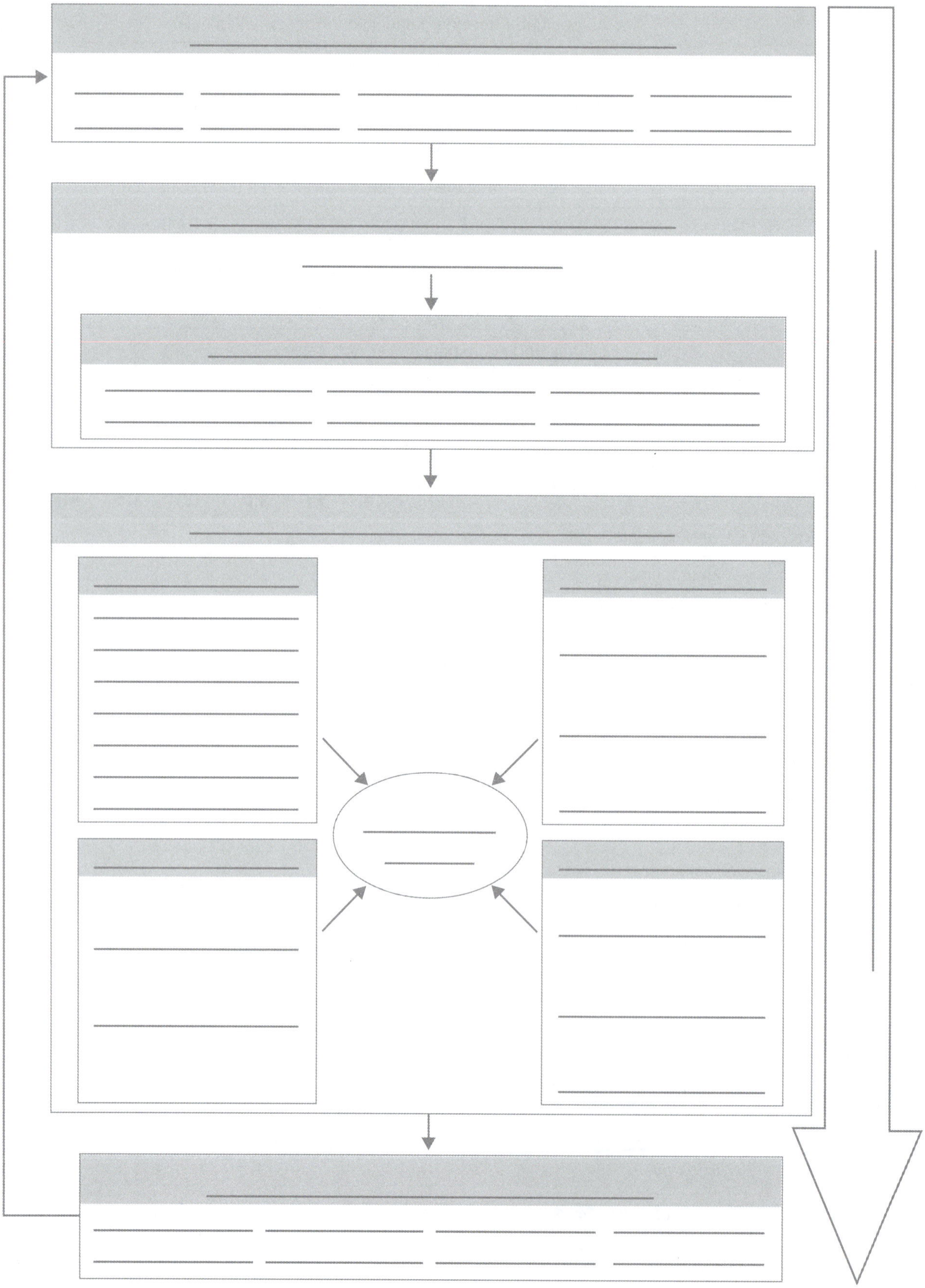

„Wirtschaft Spezial" im Bremer Kurier

Heute: Interview mit Marketingleiter Dr. Hanisch

Dr. Hanisch ist seit 1995 Leiter der Abteilung Marketing des mittelständischen Taschenherstellers Careli GmbH in Bremen.

Bremer Kurier: Herr Dr. Hanisch, diese Woche wollen wir im Wirtschaftsteil unseren Lesern aus der Region das Thema „Marketing" am Beispiel Ihres Unternehmens näherbringen. Ist Marketing dasselbe wie Werbung?

Dr. Hanisch: Nein, das ist ein Gerücht, das sich sehr hartnäckig hält, aber nicht stimmt.

Bremer Kurier: Sondern?

Dr. Hanisch: Wenn Sie es ganz einfach wollen, so ist Marketing eine konsequente Kundenorientierung – von der Produktentwicklung bis hin zum Kundenservice nach erfolgreichem Verkauf. Im Mittelpunkt jeder Marketingentscheidung steht immer der Kunde mit seinen Bedürfnissen.

Bremer Kurier: Sie sagten Produktentwicklung. Ich dachte immer, Marketing bezieht sich nur auf die Vermarktung der fertigen Produkte?

Dr. Hanisch: Früher war das so. In Zeiten der Verkäufermärkte hat die Produktion einfach auf Lager produziert und der Vertrieb musste die Produkte unter die Leute bringen. Modernes Marketing in Zeiten von Käufermärkten sieht anders aus: Da werden schon vor der Produktentwicklung Kundenwünsche und Trends systematisch durch unsere *Marktforschung* analysiert.

Bremer Kurier: Also kann man Marktforschung als ersten Schritt des Marketings bezeichnen?

Dr. Hanisch: Nein, das kann man so nicht sagen, weil die Marktforschung das gesamte Marketing begleitet und immer wieder wichtige Marketingentscheidungen mit ihren Forschungsergebnissen unterstützt.

Bremer Kurier: Gibt es denn überhaupt so etwas wie einen ersten Schritt, also eine Reihenfolge?

Dr. Hanisch: Ja, wir müssen eine Reihenfolge einhalten: Zu Beginn eines Geschäftsjahres schauen wir erst ein mal, wo wir überhaupt stehen. Dazu gibt es *strategische Analysen*, nämlich die *SWOT-Analyse*, die *Marktgrößenanalyse*, die *Produktlebenszyklusanalyse* und die *Portfolioanalyse*.

Bremer Kurier: Klingt sehr kompliziert. Was meinen Sie denn mit „wo wir stehen?"

Dr. Hanisch: Wir analysieren, welche Stärken und Schwächen wir aktuell im Wettbewerb haben, wie sich unsere Umsätze in den einzelnen Märkten entwickeln, wie groß unsere Marktanteile sind und so weiter. Schauen Sie, wenn wir nicht wissen, wo wir stehen, können wir ja auch nicht wissen, wo wir hin wollen. Wir müssen unsere Situation genau kennen, um uns realistische Marketingziele setzen zu können.

Bremer Kurier: Verstehe. Wie sehen denn solche Marketingziele aus?

Dr. Hanisch: Das sind typischerweise Umsatz- und Gewinnziele, Marktanteilsziele oder auch Imageziele und Kundenbindungsziele.

Bremer Kurier: Und wer macht das?

Dr. Hanisch: Dafür ist unsere *strategische Marketingplanung* zuständig. Das Formulieren von *Marketingzielen* und die Entwicklung zugehöriger *Marketingstrategien* sind die Hauptaufgaben der strategischen Marketingplanung.

Bremer Kurier: Strategische Planung, Ziele, Strategien – das klingt ja richtig militärisch.

Dr. Hanisch: Stimmt. Viele Grundgedanken des strategischen Marketings kommen aus den Militärwissenschaften, vor allem aus den USA.

Bremer Kurier: Was versteht man denn unter einer „Strategie"?

Dr. Hanisch: Vereinfacht gesagt: Den Weg zum Ziel. Wir verstehen unter einer Strategie einen langfristig angelegten Plan zur Erreichung eines Ziels. Mit einer Strategie wird die langfristige Grundausrichtung des Unternehmens festgelegt. Eine Marketingstrategie beantwortet im Kern die Frage: „Mit welchen Produkten wollen wir in welche Märkte?"

Bremer Kurier: Haben Sie mal ein konkretes Beispiel?

Dr. Hanisch: Nehmen Sie zum Beispiel die *Wachstumsstrategien*: Jedes Unternehmen muss sich fragen, ob es mit seinen bisherigen oder mit neuen Produkten in seinen bisherigen oder in neuen Märkten auftreten will, um zu wachsen. Und es muss auch entscheiden, ob es einen Massenmarkt pauschal bedient oder diesen lieber in Teilmärkte zerlegt und attraktive Teilmärkte für sich herauspickt. Das nennt man *Segmentierungsstrategien*. Und ganz wichtig: Sie müssen sich von der Konkurrenz abheben und sich mit einem Alleinstellungsmerkmal in der Wahrnehmungswelt des Kunden positionieren. Also müssen Sie eine *Positionierungsstrategie* entwickeln – eine zentrale Aufgabe der strategischen Marketingplanung.

Bremer Kurier: Und wie sieht strategische Marketingplanung in der Praxis aus?

Dr. Hanisch: Wir machen das immer zu Beginn eines Geschäftsjahres in Form eines einwöchigen strategischen Workshops in einem idyllisch gelegenen Tagungshaus an der Ostsee, mit Blick aufs Meer und Fischsuppe.

Bremer Kurier: Das klingt gut! Und dann?

Dr. Hanisch: Dann setzt das *operative Marketing* diese Strategien im laufenden Tagesgeschäft in die Tat um. Dazu stehen zahlreiche Marketinginstrumente zur Verfügung, die man in die Bereiche *Produktpolitik, Preispolitik, Vertriebspolitik* und *Kommunikationspolitik* einteilt. Im Englischen spricht man von den „four Ps: product, price, place und promotion", was man sich so vielleicht besser merken kann. Es sind gewissermaßen die Werkzeugkästen des Marketingmanagers.

Bremer Kurier: Werkzeugkästen? Sind denn da Werkzeuge drin?

Dr. Hanisch: Das kann man so nennen. Fachleute sprechen von Marketinginstrumenten. Ich mach's kurz: In der Produktpolitik wird entschieden, ob und welche Produkte neu entwickelt, abgeändert, um neue Produkte ergänzt oder vom Markt genommen werden sollen. Die entsprechenden Fachbegriffe sind *Produktinnovation, Produktvariation, Produktdifferenzierung* und *Produktelimination*. Dabei wird auch über die *Markierung* und das *Verpackungsdesign* eines Produkts sowie über *Service und Wartung* entschieden. In der Preispolitik steht dann die *Preisbestimmung* im Mittelpunkt, daneben müssen hier *Preisstrategien* und *Konditionen* festgelegt werden. In der Vertriebspolitik geht es um Entscheidungen zur *Logistik* und *Auswahl der Absatzkanäle*.

Bremer Kurier: Logistik und Absatzkanäle?

Dr. Hanisch: Logistik betrifft alle Entscheidungen zu Lagerung und Transport der Ware. Die Auswahl der Absatzkanäle beantwortet dagegen die Frage, über welche Absatzorgane das Produkt vom Hersteller zum Kunden gelangen soll. Wir können zum Beispiel die Produkte über eigene Verkaufsfilialen oder einen Onlineshop an den Kunden verkaufen oder bestimmte Handelsketten einschalten.

Bremer Kurier: Und die Kommunikationspolitik ist dann endlich die Werbung, oder?

Dr. Hanisch: Nicht nur: Die *Werbung* ist tatsächlich die Hauptaufgabe der Kommunikationspolitik. Aber zur Kommunikationspolitik gehört auch die *PR*. Das steht für „Public Relations", also die *Öffentlichkeitsarbeit*, die für das Unternehmensimage zuständig ist und schließlich auch die *Sales Promotion*, also die Verkaufsförderung. Darunter versteht man zeitlich befristete Aktionen wie zum Beispiel Schulungen von Einzelhändlern, auffällige Verkaufsstände im Supermarkt oder Sonderangebote.

Bremer Kurier: Puh, da sind ja ganz schön viele Dinge zu entscheiden. Besteht da nicht die Gefahr, dass das alles drunter und drüber geht und die vielen einzelnen Entscheidungen nicht zueinander passen? Nicht, dass Sie nachher Ihre hochpreisigen Qualitätstaschen in Billigmärkten anbieten ...

Dr. Hanisch: Absolut korrekt, das muss alles aufeinander abgestimmt sein. Diese abgestimmte Kombination von Marketinginstrumenten nennt man übrigens *„Marketing-Mix"*.

Bremer Kurier: Gibt es eigentlich so etwas wie eine Erfolgskontrolle?

Dr. Hanisch: Ja, die gibt es: Unser *Marketingcontrolling* führt am Ende des Jahres Erfolgskontrollen in Form von Soll-Ist-Vergleichen durch. Wir kontrollieren den *Betriebserfolg*, den *Werbeerfolg*, die *Deckungsbeiträge* und den *E-Commerce-Erfolg*. Die Ergebnisse liegen dann den strategischen Analysen in der Folgeperiode zugrunde.

Bremer Kurier: Welches sind aus Ihrer Sicht die wichtigsten aktuellen Entwicklungen im Marketing?

Dr. Hanisch: Eindeutig der Siegeszug des Online-Marketings.

Bremer Kurier: Was genau versteht man eigentlich darunter?

Dr. Hanisch: Online-Marketing umfasst alle Marketingmaßnahmen, die über das Internet vorgenommen werden. Das betrifft vor allem die Kommunikations- und die Vertriebspolitik. Denken Sie an die zunehmende Bedeutung von Social Media und E-Commerce. Aber Online-Marketing bietet auch große Chancen für die Marktforschung.

Bremer Kurier: Wird das Online-Marketing das klassische Marketing also bald ersetzen?

Dr. Hanisch: Das sicher nicht, das klassische Marketing wird es weiterhin geben. Aber das Online-Marketing gewinnt rasant an Bedeutung, da stehen wir erst am Anfang einer Entwicklung.

Bremer Kurier: Nun noch eine letzte Frage: Welches Produkt werden Sie als nächstes auf den Markt bringen?

Dr. Hanisch: Wir führen nächste Woche erst in Hohwacht an der Ostsee unseren Strategieworkshop durch. Dort legen wir dann die Linie für das neue Geschäftsjahr fest. Ich kann Ihnen daher jetzt noch nichts darüber sagen.

Bremer Kurier: Herr Dr. Hanisch, ich danke Ihnen für das Interview.

Das Interview führte Birgit Krüger.

2. Kreuzen Sie mithilfe des Interviews zu jeder Aussage an, ob sie richtig oder falsch ist. Erläutern Sie im Falle falscher Aussagen die richtige Sachlage.

Aussage	richtig	falsch	Erläuterung, wenn falsch
1) *Marketing* ist ein anderer Begriff für Werbung.			
2) Strategisches Marketing steht für die langfristige Marketingplanung und operatives Marketing für die tagtägliche Umsetzung der Strategien.			
3) Aus den Ergebnissen der strategischen Analysen wird der Einsatz der Marketinginstrumente abgeleitet.			
4) Marktsegmentierung steht für die Zerlegung von Gesamtmärkten in Teilmärkte.			
5) Von einem *Alleinstellungsmerkmal* spricht man, wenn es auf einem Markt nur ein Unternehmen gibt (Monopol).			
6) Die Marktforschung wird immer nur dann eingeschaltet, wenn ein neues Produkt entwickelt werden soll.			
7) Die vier Ps stehen für *Product, Price, Place* und *Public Relations.*			
8) Das Marketingmix ist die abgestimmte Kombination der einzelnen Marketinginstrumente.			
9) Das Marketing-Controlling kontrolliert den Erfolg der Marketingmaßnahmen mithilfe von Soll-Ist-Analysen.			
10) Das Online-Marketing spielt eine besondere Rolle in der Produkt- und in der Preispolitik.			

Abgrenzen: strategisches und operatives Marketing

ARBEITSAUFTRAG

Ordnen Sie die nachfolgenden Marketingentscheidungen durch Ankreuzen zu:

Die Marketingabteilung der Careli GmbH entscheidet,	**Strategisches Marketing**	**Operatives Marketing**			
		Produktpolitik	Preispolitik	Vertriebspolitik	Kommunikatonspolitik
1) den Absatz durch gestaffelte Mengenrabatte zu steigern,					
2) einen Jahresumsatz in Höhe von 82,5 Mio. € erreichen zu wollen,					
3) umweltfreundliche Verpackungen einzuführen,					
4) eine Großhandelskette mit Sitz in Süddeutschland zu beliefern,					
5) ihre Taschen über einen Onlineshop zu verkaufen,					
6) eine Social-Media-Kampagne zu starten,					
7) sich auf ausgewählte Marktsegmente zu konzentrieren,					
8) bei Zahlung innerhalb von 10 Tagen 2 % Skonto zu gewähren,					
9) in einem Marktsegment die Marktführerschaft anzustreben,					
10) die Produkte 20 % teurer als die Wettbewerber anzubieten,					
11) ein Preisausschreiben für Endverbraucher durchzuführen,					
12) einige Produkte über einen Handelsvertreter zu vertreiben,					
13) sich im Wettbewerb neu zu positionieren,					
14) den Service zu verbessern,					
15) Produktschulungen für ausgewählte Einzelhändler anzubieten,					
16) einen TV-Spot in Auftrag zu geben,					
17) in Zukunft in internationalen Märkten aufzutreten,					
18) die Form der Handtasche abzuändern.					

B Strategische Analysen

Praxisfall „Careli GmbH“

Von: Norbert Winkler <winkler@careli.de>
Betreff: Außendienstberichte
Datum: 21. Dezember 20.. 09:16:42 MESZ
An: Dr. Hanisch<hanisch@careli.de>

Hallo Herr Dr. Hanisch,

anbei die Zusammenfassung der Außendienstberichte für unseren strategischen Workshop:

Marktanalyse und -prognose					
Marktsegment	**Careli Produktgruppe**	**Marktvolumen Vorjahr (Mio. €)**	**Marktausschöpfungsgrad Vorjahr (%)**	**Umsatzstärkster Konkurrent Vorjahr (Mio. €)**	**Erwartetes Marktvolumen Geschäftsjahr (Mio. €)**
Businesstaschen	business	120	88	19,6	130
Reisetaschen	traveller	195	85	22,7	210
Handtaschen	female	290	75	18,9	337
Rucksäcke	outdoor	255	90	76,0	265

Vorjahresumsätze Careli GmbH (Mio. €)				
Produktgruppe	**Vorjahr – 3**	**Vorjahr – 2**	**Vorjahr – 1**	**Vorjahr**
business	11,5	11,7	11,8	11,8
traveller	26,2	26,4	26,5	26,4
female	23,3	26,2	28,5	30,0
outdoor	15,5	14,0	12,0	8,0
Summen	**76,5**	**78,3**	**78,8**	**76,2**

Die Außendienstmitarbeiter weisen darauf hin, dass immer mehr asiatische Hersteller mit preiswerten Taschen auf den Markt drängen – gleichzeitig wächst der Taschenmarkt langsamer. Unser Vertrieb führt das auf die Konjunktur zurück. Viele Kunden halten sich derzeit mit ihrer Kaufentscheidung zurück. Allerdings gibt es bei Jugendlichen einen zunehmenden Trend zu Lifestyleprodukten: Jugendliche sind zunehmend bereit, mehr Geld für gute Markenprodukte auszugeben.

Der Handel und die Kunden sind mit unseren Produkten insgesamt sehr zufrieden. Jedoch kritisieren immer mehr Einzelhändler, dass unser Produktprogramm zu schmal sei: Wir müssten mehr Marktsegmente bedienen, damit der Handel ein vollständiges Sortiment anbieten könne. Dabei gibt es auch noch einige Vertriebslücken, unser Vertriebsnetz ist dünner als das unserer Wettbewerber.

Übrigens liegen nun auch die Ergebnisse unserer Oktoberbefragung vor. Danach haben wir wohl ein Imageproblem, denn 44 % der potenziellen Käufer konnten nicht sagen, wofür „Careli“ steht.

Gruß, Winkler

PS: Herr Müller teilte mir eben mit, dass die Produktion über 26 % Freikapazitäten verfügt.

1 Analysieren von Stärken, Schwächen, Chancen und Risiken (SWOT-Analyse)

Um die Stärken und Schwächen der Careli GmbH sowie die Chancen und Risiken für das Unternehmen zu erfassen, soll zunächst eine SWOT-Analyse durchgeführt werden.

ARBEITSAUFTRÄGE

Erstellen Sie mithilfe des Unternehmensporträts von Careli (Seite 7 f.), den Ihnen vorliegenden Informationen des Außendienstes (Seite 15) und des nachfolgenden Infotextes eine SWOT-Analyse für die Careli GmbH und leiten Sie strategische Empfehlungen für das Unternehmen ab.

1. Interne Analyse

Stärken	Schwächen

2. Externe Analyse

Chancen	Risiken

3. Strategische Empfehlungen

Infotext: SWOT-Analyse

Die SWOT-Analyse ist ein Instrument zur Gegenüberstellung innerbetrieblicher Stärken („Strengths“) und Schwächen („Weaknesses“) einerseits sowie externer Chancen („Opportunities“) und Risiken („Threats“) andererseits. Die *innerbetrieblichen* Stärken und Schwächen sind durch das Management beeinflussbar, die *externen* Chancen und Risiken hingegen nicht. Ziel der SWOT-Analyse ist es, begründete strategische Empfehlungen herzuleiten. Die SWOT-Analyse durchläuft dazu drei Schritte:

Schritt 1: Interne Analyse: Leistungsfähigkeit des Unternehmens

Erfassen und Gewichten eigener Stärken und Schwächen zum Beispiel hinsichtlich

Personal

- Know-how
- Motivation
- Qualifikation
- Personalressourcen

Produktion

- Qualität der Produktionsanlagen
- Produktionskapazität
- Produktionskosten
- Flexibilität

Marketing/Vertrieb

- Vertriebswege
- Werbung/Öffentlichkeitsarbeit
- Image
- Bekanntheitsgrad

Schritt 2: Externe Analyse: Entwicklung der Umwelt

Erfassen und Gewichten externer Chancen und Risiken wie zum Beispiel:

Wirtschaft

- Kaufkraftentwicklung der potenziellen Kunden
- Internationaler Wettbewerb (Globalisierung)
- Staatliche Investitionsanreize für Unternehmer

Demografische und sozial-psychologische Entwicklungstendenzen

- Demografische Entwicklung
- Trend zur natürlichen und kritischen Lebensweise
- Multikulturelle Entwicklung in Europa

Technologie

- Kürzere Produktentwicklungszeiten
- Zunehmende Digitalisierung
- Neue Verfahren und Ressourcen

Ökologie

- Verschärfte Umweltschutzbestimmungen
- Entsorgung/Recycling
- Trend zur Abfallvermeidung

Schritt 3: Ableiten von Strategien

Werden die Stärken und Schwächen mit den Chancen und Risiken kombiniert, lassen sich vier Arten von Strategien für das Unternehmen ableiten:

	Chancen (Opportunities)	Risiken (Threats)
Stärken (Strengths)	S-O-Strategien: Stärken einsetzen, um Chancen zu nutzen	S-T-Strategien: Stärken einsetzen, um Risiken zu bewältigen
Schwächen (Weaknesses)	W-O-Strategien: Schwächen abbauen, um Chancen nutzen zu können	W-T-Strategien: Bedrohungen gegenüber eigenen Schwächen abwehren

2 Analysieren von Marktgrößen

Nun sollen für die strategische Planung der Careli GmbH auch wichtige quantitative Marktgrößen ermittelt werden.

ARBEITSAUFTRÄGE

1. Vervollständigen Sie die Tabelle mithilfe der Außendienstinformationen (Seite 15) und des nachfolgenden Infotextes. Erläutern Sie Ihre Ergebnisse anschließend Ihren Mitschülern.

Marktgrößen Vorjahr					
Marktsegment	Marktvolumen (Mio. €)	Marktanteil (%)			Marktpotenzial (Mio. €)
		Careli	stärkster Wettbewerber	restliche Anbieter	

2. Stellen Sie die Marktanteile von Careli, dem jeweils stärksten Wettbewerber und den restlichen Anbietern in den einzelnen Marktsegmenten in Kreisdiagrammen dar und erläutern Sie Ihre Ergebnisse.

Marktsegment Businesstaschen

Marktsegment Reisetaschen

Marktsegment Handtaschen

Marktsegment Rucksäcke

Erläuterung:

____

____

____

Infotext: Markt und Marktgrößen

Marktbegriff

Definition: „Ein Markt besteht aus einer Menge aktueller und potenzieller Nachfrager bestimmter Leistungen sowie der aktuellen und potenziellen Anbieter dieser Leistungen und den Beziehungen zwischen Nachfragern und Anbietern.“[1]

Jeder Markt ist vom Marketingmanagement sachlich, räumlich und zeitlich eindeutig von anderen Märkten abzugrenzen. Anschließend lassen sich folgende Marktgrößen unterscheiden:

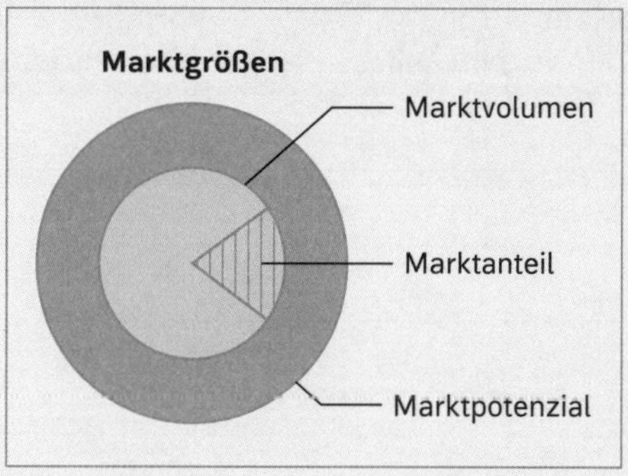

Marktvolumen

Das Marktvolumen ist der tatsächlich realisierte Gesamtumsatz (€) bzw. Gesamtabsatz (Stück) aller Unternehmen auf dem betrachteten Markt. Üblich ist die Angabe „Umsatz pro Jahr“.

Beispiel: Das Marktvolumen für Schuhe in Deutschland im Jahr 20.. beträgt 12 Mrd. €.

Marktanteil

Der Marktanteil drückt aus, welchen Umsatz (bzw. Absatz) das betrachtete Unternehmen im Verhältnis zum gesamten Marktvolumen erreicht.

$$\text{Marktanteil} = \frac{\text{Umsatz des betrachteten Unternehmens} \cdot 100}{\text{Marktvolumen}}$$

Beispiel: Der Schuhhersteller Beispiel AG erwirtschaftet im Jahr 20.. in Deutschland mit einem Umsatz in Höhe von 720 Mio. € einen Marktanteil von 6 %.

Marktpotenzial

Das Marktpotenzial drückt die größtmögliche Aufnahmefähigkeit eines Marktes aus, also den maximal möglichen Umsatz bzw. Absatz.

Beispiel: Das Marktpotenzial für Schuhe in Deutschland des Jahres 20.. beträgt 18 Mrd. €.

Marktausschöpfungsgrad

Der Marktausschöpfungsgrad gibt an, welchen Anteil das Marktvolumen am Marktpotenzial hat. Das Marktvolumen kann so lange wachsen, bis das Marktpotenzial vollständig ausgeschöpft ist.

$$\text{Marktausschöpfungsgrad} = \frac{\text{Marktvolumen} \cdot 100}{\text{Marktpotenzial}}$$

Beispiel: Bei einem Marktvolumen von 12 Mrd. € und einem Marktpotenzial in Höhe von 18 Mrd. € im Jahre 20.. beträgt der Marktausschöpfungsgrad 66,67 %.

1 Heribert Meffert, Christoph Burmann, Manfred Kirchgeorg: Marketing: Grundlagen marktorientierter Unternehmensführung Konzepte – Instrumente – Praxisbeispiele, Springer Gabler, Wiesbaden, 12., überarb. u. aktual. Auflage 2015, S. 45.

3 Analysieren von Produktlebenszyklen

ARBEITSAUFTRÄGE

1. Berechnen Sie mithilfe der Ihnen vorliegenden Außendienstinformationen (Seite 15) und des nachfolgenden Infotextes die Umsatzentwicklungen der einzelnen Careli-Produktgruppen.

Umsatzentwicklung der Produktgruppen (in %)			
Careli Produktgruppe	**Vorjahr – 3 gegenüber Vorjahr – 2**	**Vorjahr – 2 gegenüber Vorjahr – 1**	**Vorjahr – 1 gegenüber Vorjahr**

2. Markieren Sie mithilfe des nachfolgenden Infotextes die Position der einzelnen Produktgruppen in ihrem Produktlebenszyklus im Vorjahr:

Produktlebenszyklus: business

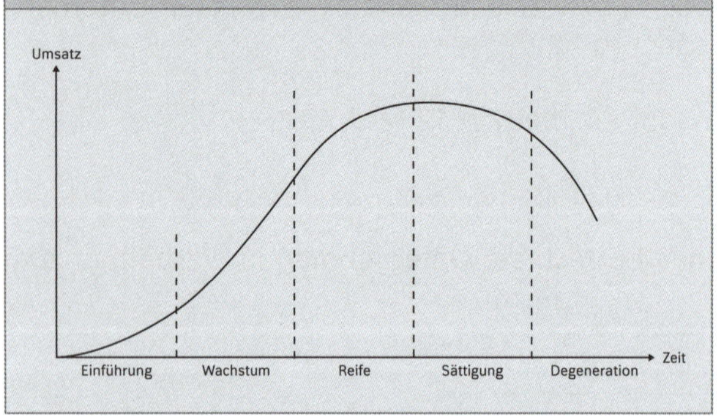

Produktlebenszyklus: traveller

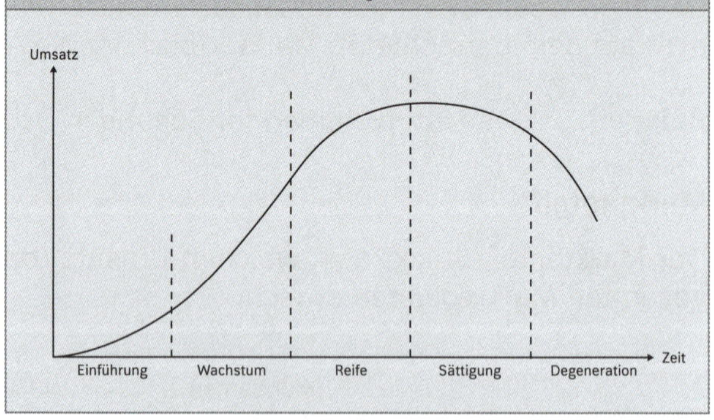

Produktlebenszyklus: female

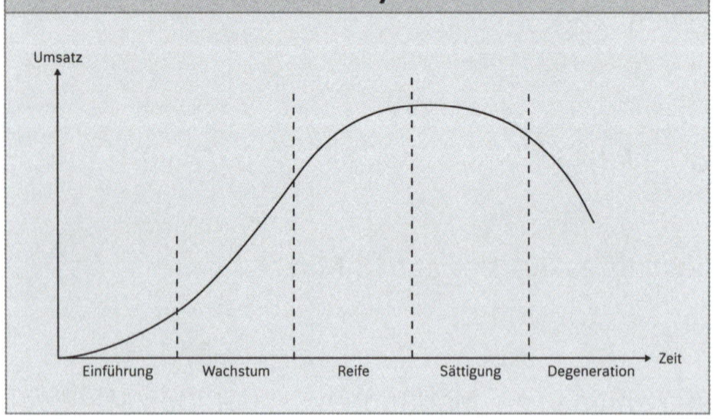

Produktlebenszyklus: outdoor

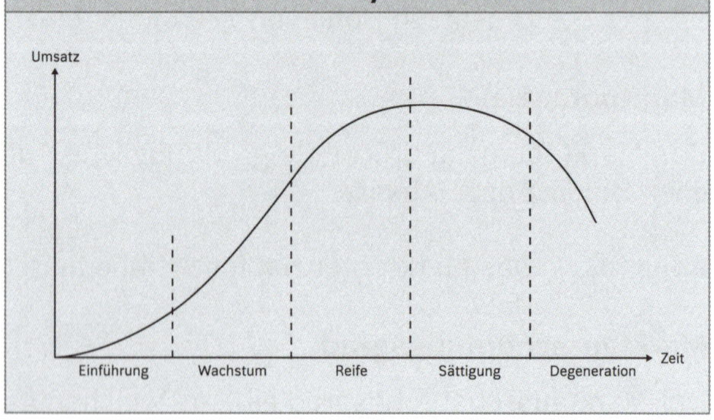

3. Leiten Sie mithilfe des nachfolgenden Infotextes strategische Empfehlungen für die Careli GmbH ab:

____

____

____

____

____

Infotext: Produktlebenszyklus

Die Idee

Das Konzept des Produktlebenszyklus geht davon aus, dass jedes Produkt – ebenso wie jedes Lebewesen – einen Lebenszyklus durchläuft, der abhängig vom Produkt unterschiedlich lange dauert. Der Produktlebenszyklus, der auch auf Produktgruppen, Geschäftsfelder und Märkte bezogen werden kann, wird als Umsatzfunktion in Abhängigkeit von der Zeit dargestellt und in fünf Phasen eingeteilt:

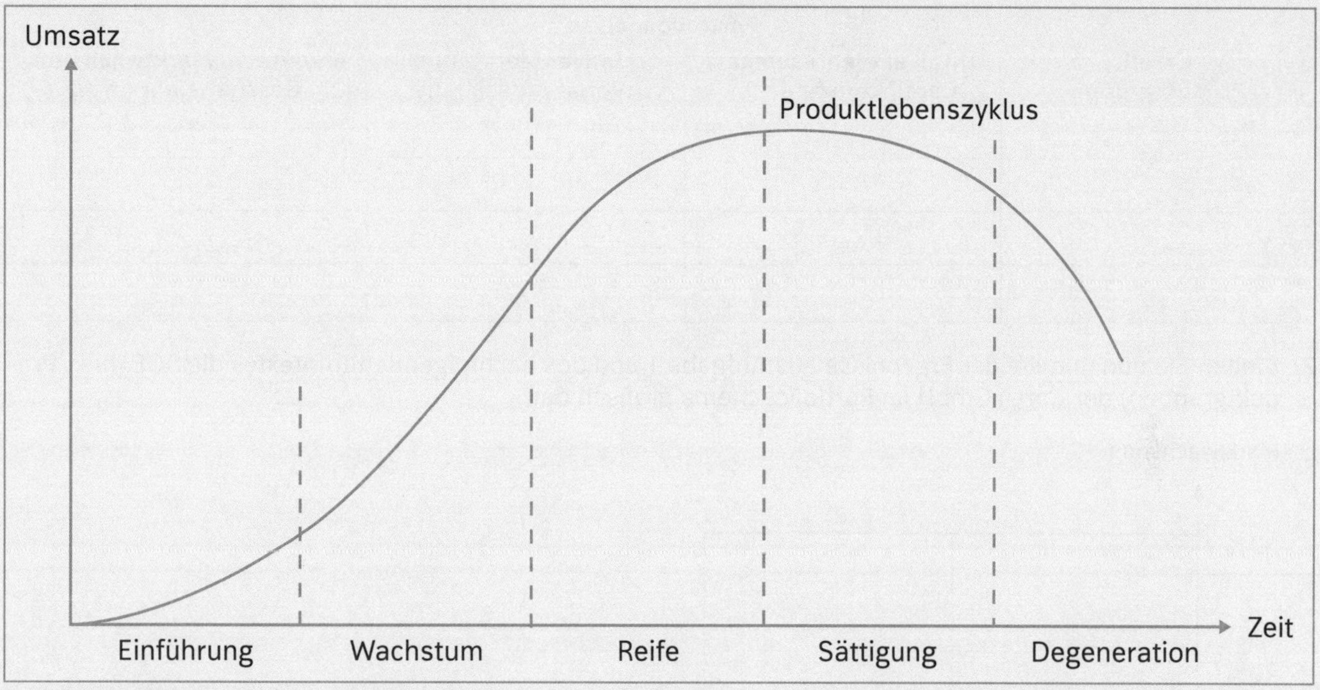

Die Phasen

- **Einführungsphase:** Die Produktentwicklung ist abgeschlossen und das Produkt wird am Markt neu eingeführt. Das Unternehmen versucht, Meinungsführer und Trendsetter zum Kauf des Produktes anzuregen, damit sich das Produkt erfolgreich ausbreitet. Wird das Produkt vom Markt nicht angenommen, spricht man von einem „Flop“ (engl.: Misserfolg). Hat es jedoch Erfolg, nimmt der Umsatz – zunächst noch auf sehr geringem Niveau – stetig zu. Gleichzeitig sind die Kosten in dieser Phase sehr hoch. Das liegt einerseits an den erheblichen Werbungs- und Vertriebskosten und zum anderen an den i. d. R. noch hohen Stückkosten, die mit geringen Stückzahlen verbunden sind. Daher erwirtschaftet das Produkt in dieser Phase gewöhnlich noch Verluste.
- **Wachstumsphase:** Das Produkt verbreitet sich am Markt und der Umsatz steigt mit *zunehmenden* Wachstumsraten. Immer mehr Käuferschichten werden auf das Produkt aufmerksam, u. a. durch sogenannte Mundpropaganda, Testberichte oder Artikel in Fachzeitschriften. Gleichzeitig drängen die ersten Wettbewerber mit Nachahmungsprodukten auf den Markt. Die Vermarktungskosten sinken, der Umsatz nimmt rasch zu, wodurch sich die Ertragssituation deutlich verbessert.
- **Reifephase:** Der Umsatz des Produktes steigt immer noch, allerdings nur noch mit *abnehmenden* Wachstumsraten, das bedeutet, dass das Wachstum sich verlangsamt. Die Grenze zur Sättigungsphase verläuft dabei fließend. Immer mehr Wettbewerber drängen auf den Markt und der Kampf um Marktanteile nimmt zu, denn viele Anbieter können nur noch wachsen, wenn sie anderen Anbietern Marktanteile abnehmen. Noch kann das Unternehmen i. d. R. gute Gewinne abschöpfen.
- **Sättigungsphase:** Der Markt ist gesättigt, der Produktumsatz steigt kaum noch, stagniert oder beginnt bereits langsam zu sinken. Die Grenze zur Degenerationsphase verläuft dabei fließend. Die Sättigungsphase ist durch starken Kostenwettbewerb gekennzeichnet. In der Regel werden noch Gewinne erzielt, jedoch werden die Gewinnmargen immer geringer.
- **Degenerationsphase:** Der Produktumsatz sinkt in zunehmendem Maße. Mögliche Ursachen sind Innovationen, die das Produkt verdrängen oder sich ändernde Kundenwünsche. Das Marketing nimmt das Produkt bei einsetzenden Verlusten vom Markt („Produkteliminierung“).

4 Analysieren des Produktportfolios

Abschließend soll mithilfe der Portfolioanalyse ein Überblick über die Marktsituation der strategischen Geschäftseinheiten (SGE, hier: Produktgruppen) der Careli GmbH geliefert werden.

ARBEITSAUFTRÄGE

1. Ermitteln Sie mithilfe der Außendienstinformationen (Seite 15) alle Werte, die Sie für die Portfolioanalyse benötigen, und tragen Sie diese in folgende Tabelle ein:

Portfolioanalyse			
Careli Produktgruppe	**Anteil am Jahresumsatz Careli Vorjahr (in %)**	**relativer Marktanteil Vorjahr (dezimal)**	**erwartetes Marktwachstum Geschäftsjahr (in %)**

2. Stellen Sie nun mithilfe der Ergebnisse aus Aufgabe 1 und des nachfolgenden Infotextes die SGE (hier: Produktgruppen) der Careli GmbH im Portfolioschema grafisch dar.

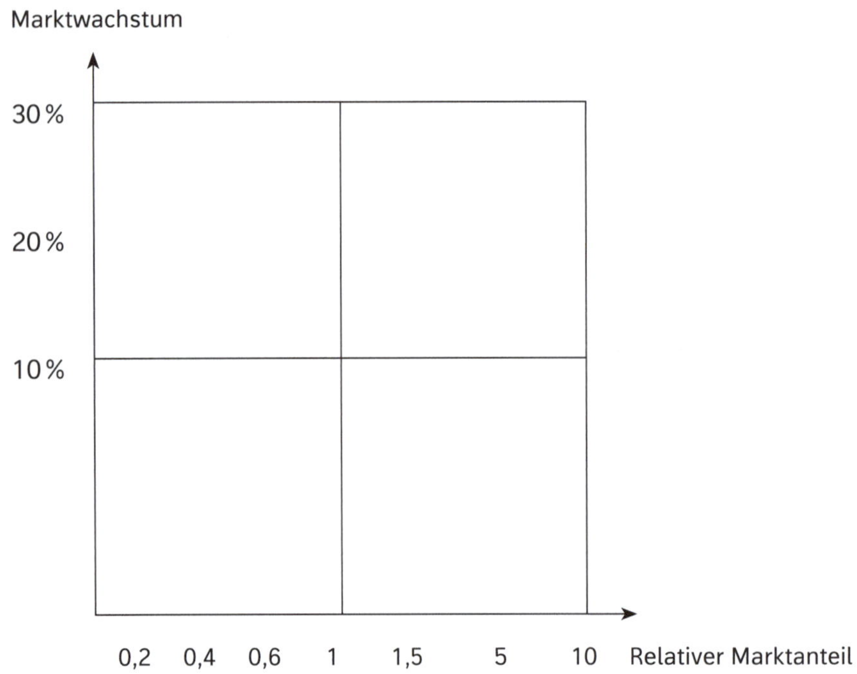

3. Überprüfen Sie, ob das Portfolio der Careli GmbH ausgewogen ist.

4. Diskutieren Sie kritisch die Normstrategien der Portfolioanalyse.

Infotext: Portfolioanalyse

Was ist ein Portfolio?

Grundsätzlich versteht man unter einem Portfolio eine Zusammenstellung von Dingen. Der Begriff wird in unterschiedlichen Zusammenhängen verwendet: Beispielsweise bezeichnen Künstler die Zusammenstellung ihrer Kunstwerke in einer Sammelmappe als Portfolio, Anleger an der Börse sprechen von einem Wertpapierportfolio, also der Zusammenstellung unterschiedlicher Aktien in ihrem Depot. Im Marketing versteht man unter einem Portfolio die Zusammenstellung der eigenen Produkte oder Produktgruppen, welche hier als „strategische Geschäftseinheiten“ (SGE) bezeichnet werden. So kann zum Beispiel das Portfolio eines großen Elektronikherstellers die SGE *Haushaltsgeräte, Medizintechnik, Mobilfunktechnik* und *Verkehrstechnik* enthalten.

Grundgedanke und Darstellung der Portfolioanalyse

Bei der Portfolioanalyse geht es darum, dem Marketingmanagement die Augen für das große Ganze zu öffnen. Sie wurde von der Unternehmensberatung Boston-Consulting-Group entwickelt und liefert einen Gesamtüberblick über die aktuelle Situation der unternehmenseigenen SGE in den unterschiedlichen Märkten in einer einzigen Grafik. Mithilfe dieser Grafik können dann grobe „Normstrategien“ abgeleitet werden. Die einzelnen SGE des Unternehmens werden als Kreise in einem Koordinatensystem dargestellt. Dabei gilt:

- **Umsatzanteil:** Der Umsatzanteil der SGE am Gesamtumsatz des Unternehmens wird durch den Kreisdurchmesser zum Ausdruck gebracht und so bemessen, dass alle SGE gut zu erkennen sind.
- **Marktwachstum:** Dieses wird an der y-Achse abgetragen. Je höher das Marktwachstum, desto größer sind die Wachstums- und Gewinnchancen für das Unternehmen. Zukunftsorientierte Unternehmen investieren gewöhnlich nur in Märkte mit hohem Marktwachstum.
- **Relativer Marktanteil:** Dieser wird an der x-Achse abgetragen. Der relative Marktanteil drückt das Verhältnis von eigenem Marktanteil zum Marktanteil des stärksten Wettbewerbers aus. Er ist in diesem Zusammenhang aussagefähiger als der absolute Marktanteil, da auch ein kleiner absoluter Marktanteil eine starke Marktposition bedeuten kann. Ist der relative Marktanteil größer als 1, so ist das Unternehmen Marktführer. Der relative Marktanteil wird dezimal angegeben, damit er nicht mit dem absoluten Markanteil verwechselt wird.

Maßstab

Der Maßstab an den Achsen ist nicht linear (gleichmäßig fortlaufend) sondern logarithmisch (ansteigend), um die Position der SGE anschaulicher darstellen zu können.

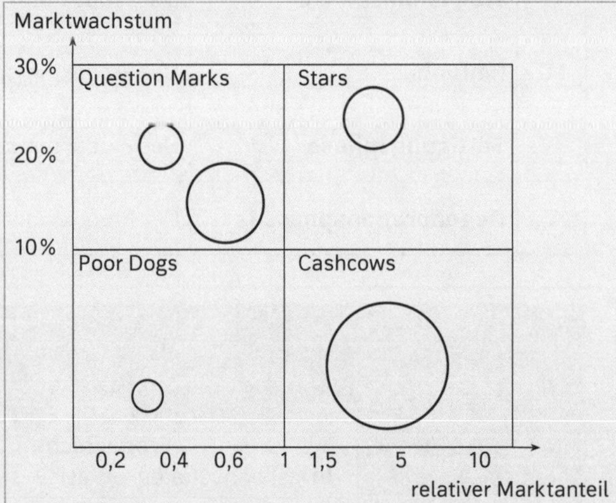

Portfolioanalyse der Boston-Consulting-Group

Normstrategien

Im theoretischen Normalfall wandern die einzelnen SGE im Laufe ihres Produktlebenszyklus durch vier Felder (siehe Grafik). Dabei sieht die Portfolioanalyse für jedes Feld allgemein gehaltene Normstrategien vor:

- **Question Marks (Fragezeichen):** SGE in der Einführungs- oder Wachstumsphase mit zunächst noch geringem relativen Marktanteil in rasch wachsenden Märkten. *Normstrategie:* Bei aussichtsreicher Marktsituation investieren (Investitionsstrategie), andernfalls verkaufen (Desinvestitionsstrategie).
- **Stars (Sterne):** erfolgreiche SGE mit hohem Marktanteil in stark wachsenden Märkten. *Normstrategie:* Erhalten bzw. Ausbauen der Position (Investitionsstrategie).
- **Cashcows (Milchkühe):** SGE mit hohem Marktanteil in stagnierenden Märkten, welche gute Gewinne erwirtschaften. *Normstrategie:* Halten des Marktanteils (ggf. ein geringes Absinken in Kauf nehmen) und Abschöpfen finanzieller Mittel für neue SGE (Abschöpfungsstrategie).
- **Poor Dogs (arme Hunde):** SGE mit schwacher Marktposition (= kleiner relativer Marktanteil) in Märkten mit geringem Marktwachstum. *Normstrategie:* Marktanteil erheblich senken und die SGE verkaufen, sobald sie nicht mehr rentabel sind (Desinvestitionsstrategie).

Kompaktwissen

SWOT-Analyse			
		Externe Analyse	
		Chancen (Opportunities)	**Risiken (Threats)**
Interne Analyse	**Stärken (Strengths)**	**S-O-Strategien** Stärken einsetzen, um Chancen zu nutzen	**S-T-Strategien** Stärken einsetzen, um Risiken zu senken
	Schwächen (Weaknesses)	**W-O-Strategien** Schwächen abbauen, um Chancen nutzen zu können	**W-T-Strategien** Bedrohungen gegenüber eigenen Schwächen abwehren

Marktgrößenanalyse	
Marktvolumen	tatsächlicher Umsatz bzw. Absatz aller Unternehmen auf einem Markt
Marktanteil	$\frac{\text{Umsatz des betrachteten Unternehmens} \cdot 100}{\text{Marktvolumen}}$
Marktpotenzial	maximale Aufnahmefähigkeit des Marktes, gemessen in Absatz bzw. Umsatz
Marktausschöpfungsgrad	$\frac{\text{Marktvolumen} \cdot 100}{\text{Marktpotenzial}}$

Produktlebenszyklusanalyse		
I	**Einführungsphase**	Der Produktumsatz liegt zu Beginn bei 0 und steigt langsam an.
II	**Wachstumsphase**	Der Produktumsatz nimmt mit steigenden Wachstumsraten zu.
III	**Reifephase**	Der Produktumsatz nimmt mit abnehmenden Wachstumsraten zu.
IV	**Sättigungsphase**	Der Produktumsatz stagniert und beginnt langsam zu sinken.
V	**Degenerationsphase**	Der Produktumsatz nimmt immer stärker ab.

Portfolioanalyse			
		Marktanteil	
		gering	**hoch**
Marktwachstum	**hoch**	**Fragezeichen** Investitionsstrategie/Desinvestitionsstrategie	**Sterne** Investitionsstrategie
	gering	**Arme Hunde** Desinvestitionsstrategie	**Milchkühe** Abschöpfungsstrategie

Vertiefungsaufgaben

1. Dem Marketing-Controlling des Sportartikelherstellers Fischer liegen folgende Angaben vor:

a) Produktgruppe I: Umsatz Fischer: 20 Mio. €, Marktanteil Fischer: 12 %, das Marktpotenzial ist zu 80 % ausgeschöpft. Ermitteln Sie das Marktvolumen und das Marktpotenzial.

b) Produktgruppe II: Umsatz Fischer 25 Mio. €, Gesamtumsatz der übrigen Wettbewerber: 175 Mio. €, Marktpotenzial: 230 Mio. €. Wie groß ist der Marktanteil von Fischer und wie viel Prozent Marktwachstum sind auf diesem Markt noch möglich?

c) Produktgruppe III: Marktpotenzial 180 Mio. €, ein Drittel des Marktpotenzials ist noch nicht ausgeschöpft, Umsatz Fischer: 8,4 Mio. €. Wie groß ist das Marktvolumen und welchen Anteil hat Sport Fischer?

2. Stellen Sie auf Grundlage folgender Daten den Produktlebenszyklus und den Gewinnverlauf grafisch dar und erläutern Sie Ihr Ergebnis:

Jahr	1	2	3	4	5	6	7	8	9	10	11	12	13	14
Umsatz (Mio. €)	40	50	60	80	90	100	200	300	350	330	250	150	100	75
Kosten (Mio. €)	72	70	78	84	92	80	160	240	280	274	220	140	110	100

3. Die Technon AG hat folgende SGE in ihrem Portfolio:

- **Schnurlose Telefone:** Umsatz Geschäftsjahr: 19 Mio. €, Marktführer: Sound mit 120 Mio. €, Marktvolumen Geschäftsjahr: 224 Mio. €, prognostiziertes Marktvolumen für das Folgejahr: 240 Mio. €.
- **TV-Geräte:** Umsatz Geschäftsjahr: 380 Mio. €, stärkster Wettbewerber: Teles mit 211 Mio. €, Marktvolumen Geschäftsjahr: 800 Mio. €, prognostiziertes Marktvolumen für das Folgejahr: 840 Mio. €.
- **Kopfhörer:** Umsatz Geschäftsjahr: 40 Mio. €, stärkster Wettbewerber: X-tron mit 25 Mio. €, Marktvolumen Geschäftsjahr: 160 Mio. €, prognostiziertes Marktvolumen für das Folgejahr: 190 Mio. €.
- **Beamer:** Umsatz Geschäftsjahr: 136 Mio. €, Marktführer: Sound mit 230 Mio. €, Marktvolumen Geschäftsjahr: 400 Mio. €, prognostiziertes Marktvolumen für das Folgejahr: 480 Mio. €.

a) Erstellen Sie eine Portfolioanalyse.
b) Leiten Sie Normstrategien für die Technon AG ab.

4. Die Investmentgesellschaft „Gary & Cooper“ plant den Kauf eines Unternehmens. Zur Auswahl stehen zwei Maschinenbauunternehmen, die Levamon AG und die Tessara AG. Der Kaufpreis beider Unternehmen ist etwa gleich. Folgende Informationen liegen Ihnen vor:

Levamon AG (Angaben in Mio. €)					
Strategische Geschäftseinheit	**Umsatz Geschäftsjahr**	**Kosten Geschäftsjahr**	**Umsatzstärkster Wettbewerber**	**Marktvolumen Geschäftsjahr**	**Marktvolumen Folgejahr**
A	375	356	125	750	878
B	270	257	180	810	1.013
C	312	296	260	1.201	1.285

Tessara AG (Angaben in Mio. €)					
Strategische Geschäftseinheit	**Umsatz Geschäftsjahr**	**Kosten Geschäftsjahr**	**Umsatzstärkster Wettbewerber**	**Marktvolumen Geschäftsjahr**	**Marktvolumen Folgejahr**
A	144	137	360	756	869
B	440	418	550	1.782	1.960
C	455	432	650	2.321	2.437

a) Erstellen Sie für beide Unternehmen eine Portfolioanalyse.
b) Beraten Sie die Investmentgesellschaft bei der bevorstehenden Kaufentscheidung.

C Strategische Marketingplanung

Praxisfall „Careli GmbH“

1 Formulieren SMARTer Marketingziele

Beim Strategieworkshop der Careli GmbH in Hohwacht am 5. Januar 2024 an der Ostsee sind die Marketingziele der erste Tagesordnungspunkt. Auf Grundlage der Ergebnisse der Situationsanalysen hat die Geschäftsführung folgende Marketingziele geplant:

	Geplante Unternehmensziele (Entwurf)	SMART-Checkliste				
		S	M	A	R	T
1	Careli steigert innerhalb eines Jahres seinen Gesamtumsatz um 5 % gegenüber dem Vorjahr.					
2	Careli wird Marktführer auf dem bundesdeutschen Markt für Taschen bis zum 31. Dezember 2026.					
3	Careli steigert seinen Marktanteil im Marktsegment „Frauen ab 30“ bis zum 31. Dezember 2027.					
4	Careli-Taschen haben bei ihren Zielgruppen bis zum 31. Dezember 2030 ein besseres Image.					
5	Careli senkt seine durchschnittlichen jährlichen Marketingkosten um 15 % bis zum 31. Dezember 2026.					
6	Careli erhöht seinen Bekanntheitsgrad um 30 % im nächsten Quartal.					

ARBEITSAUFTRÄGE

1. Überprüfen Sie mithilfe des nachfolgenden Infotextes, ob die Marketingziele SMART formuliert sind. Markieren Sie smarte Ziele in der Checkliste mit einem „+“, andernfalls tragen Sie bitte ein „–“ ein.

2. Formulieren Sie Verbesserungsvorschläge, sofern Ziele nicht SMART formuliert sind.

   zu Ziel 1: ______________________

   zu Ziel 2: ______________________

   zu Ziel 3: ______________________

   zu Ziel 4: ______________________

   zu Ziel 5: ______________________

   zu Ziel 6: ______________________

3. Prüfen Sie, ob die Marketingziele so, wie oben angegeben, priorisiert werden müssten, und begründen Sie Ihre Meinung.

Infotext: Marketingziele

Zu Beginn einer Periode werden aus den übergeordneten Unternehmenszielen verbindliche Marketingziele abgeleitet. Sie sind richtungsweisend für alle zukünftigen Marketingentscheidungen.

SMART-Regel

Marketingziele sind stets SMART zu formulieren:

SMART-Anforderungen an Marketingziele[1]		
S	Spezifisch	Das Ziel ist eindeutig und unmissverständlich formuliert.
M	Messbar	Das Ziel ist objektiv messbar, mindestens aber überprüfbar formuliert.
A	Akzeptiert	Das Ziel ist für die Mitarbeiter/-innen und die Unternehmensleitung akzeptabel.
R	Realistisch	Das Ziel kann tatsächlich erreicht werden.
T	Terminiert	Die Erreichung des Ziels ist an einen Kalendertermin geknüpft.

Zielarten

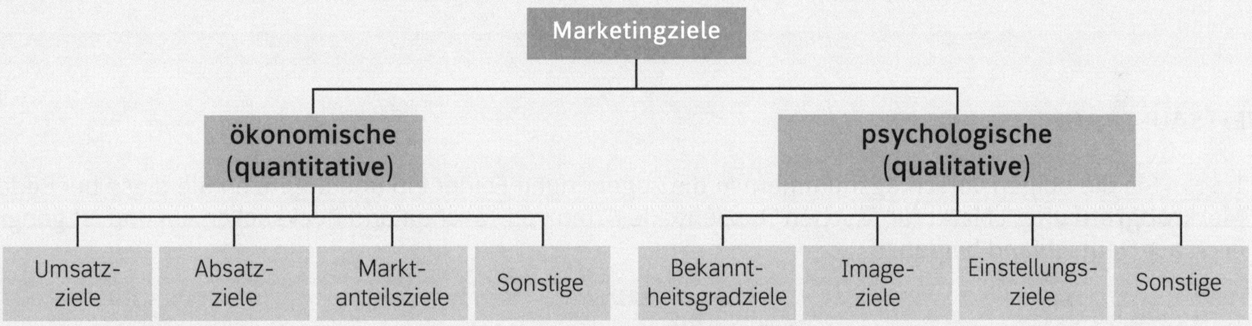

Zielbeziehungen

Ziele stehen grundsätzlich in einer dieser drei Beziehungen zueinander:

komplementäre Zielbeziehung	neutrale (indifferente) Zielbeziehung	konfliktäre Zielbeziehung
Das Verfolgen eines Ziels Z_1 fördert das Erreichen eines anderen Ziels Z_2:	Das Verfolgen eines Ziels Z_1 hat keine Auswirkung auf das Erreichen eines anderen Ziels Z_2:	Das Verfolgen eines Ziels Z_1 behindert das Erreichen eines anderen Ziels Z_2:
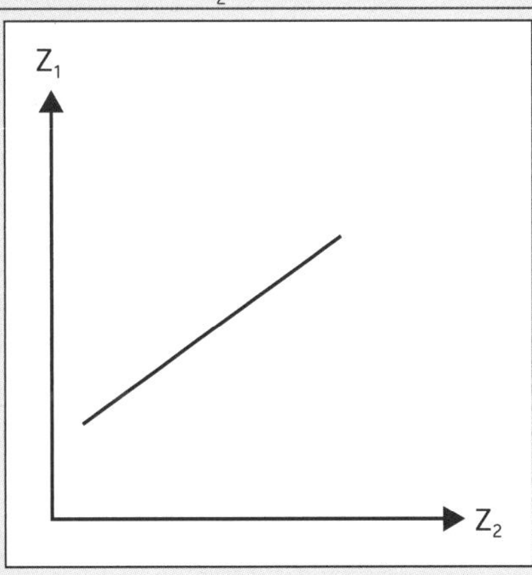	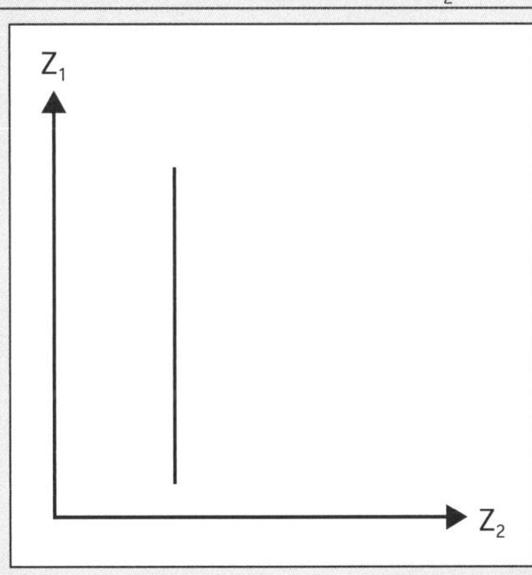	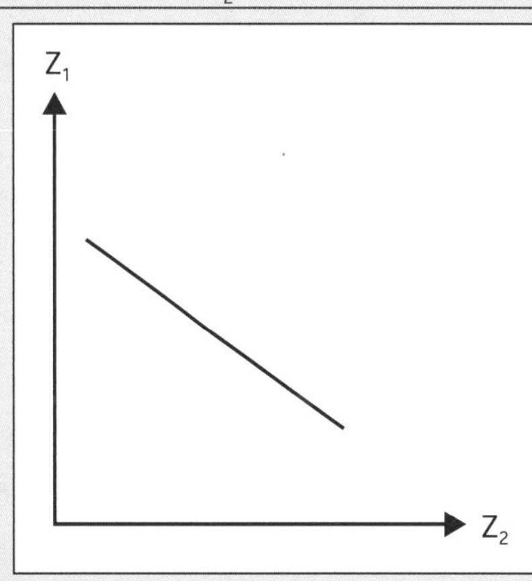

Merke: Konfliktäre Ziele müssen priorisiert werden, um Marketingentscheidungen ableiten zu können.

1 Die SMART-Formel wird in der Praxis uneinheitlich ausgelegt (z. B. „A“ für aktionsorientiert, attraktiv, angemessen, „R“ für relevant).

2 Aufzeigen alternativer Wachstumsstrategien

Am zweiten Tag des Strategieworkshops sollen alle denkbaren Ideen für mögliche Wachstumschancen für die Careli GmbH in einer Produkt-Markt-Matrix dokumentiert werden. Am Vormittag wurden zunächst diverse Vorschläge in Zusammenarbeit mit der Vertriebsleitung auf einem Flipchart erfasst:

Vorschlag 1: Careli ergänzt sein Produktprogramm um Portemonnaies.

Vorschlag 2: Careli bietet zukünftig auch Schul- und Freizeittaschen für Jugendliche an.

Vorschlag 3: Careli erhöht die Anzahl an Sonderpreisaktionen.

Vorschlag 4: Die Tasche „Bremen" wird geringfügig überarbeitet und als Fotozubehör vermarktet.

Vorschlag 5: Careli versucht, mehr Regalfläche des Einzelhandels herauszuhandeln.

Vorschlag 6: Careli entwickelt neuartige Sporttaschen.

Vorschlag 7: Careli bietet zukünftig auch modische Gürtel an.

Vorschlag 8: Careli vertreibt seine Taschen zukünftig auch in Russland und China.

Vorschlag 9: Careli beliefert fortan einen finnischen Taschenhersteller mit Kunstfasern.

Vorschlag 10: Careli bietet zukünftig auch Pauschalreisen an.

ABEITSAUFTRÄGE

1. Tragen Sie die obigen Vorschlagsnummern in die zugehörigen Felder ein und ergänzen Sie diese bei Bedarf. **Marktabgrenzung:** „Markt für Taschen" bezieht alle Arten von Taschen und Rucksäcken ein und ist geografisch auf Deutschland begrenzt.

Markt / Produkt	gegenwärtig	neu
gegenwärtig		
neu		

2. Diskutieren Sie die vorliegenden Vorschläge auf Grundlage der Ergebnisse Ihrer Situationsanalysen in Kapitel B und ziehen Sie zwei Vorschläge in die engere Wahl:

   Favorit Nr. 1: ______

   Favorit Nr. 2: ______

Infotext: Wachstumsstrategien (Marktfeldstrategien)

Ein wachstumsorientiertes Unternehmen muss sich entscheiden, ob es seine bisherigen Produkte oder neue Produkte fortan auf bisherigen oder auf neuen Märkten anbietet. Es ergeben sich damit vier **Produkt-Markt-Kombinationen**, welche als „Wachstumsstrategien“ (auch „Marktfeldstrategien“) bezeichnet werden:

Markt / Produkt	gegenwärtig	neu
gegenwärtig	Marktdurchdringungsstrategie	Marktentwicklungsstrategie
neu	Produktentwicklungsstrategie	Diversifikationsstrategie

Marktdurchdringungsstrategie

Der bisherige Markt soll noch intensiver als bislang „durchdrungen“ werden: Das Unternehmen versucht deshalb, noch mehr seiner gegenwärtigen Produkte in seinen bisherigen Märkten abzusetzen, indem es z. B.

- seine Verkaufseinheiten vergrößert,
- durch eine geringere Produktqualität die Nachkaufrate erhöht,
- durch Preissenkungen bisherige Nichtkäufer zum Kauf verleitet,
- durch eine neue Werbestrategie Kunden von Wettbewerbern abzieht.

Marktentwicklungsstrategie

Das Unternehmen bietet seine bisherigen Produkte (ggf. mit geringfügigen Produktveränderungen) zukünftig auf neuen Märkten bzw. Teilmärkten an, indem es z. B.

- das Produkt in neuen Regionen oder Ländern anbietet,
- durch neue Einsatz- bzw. Anwendungsbereiche das Produkt für neue Käufergruppen interessant macht (z. B. Profibohrmaschine nun auch für Heimwerker, Süßigkeiten zukünftig auch als Geschenkartikel).

Produktentwicklungsstrategie

Das Unternehmen entwickelt neue Produkte für den bisherigen Markt, etwa in Form

- völlig neuartiger Produkte (echte Innovationen, z. B. Wasserstoffmotor für Pkw),
- von Weiterentwicklungen bestehender Produkte („Quasiinnovationen“, z. B. neuer VW Golf),
- von Nachahmungen von Wettbewerbsprodukten („Me-too-Produkte“).

Diversifikationsstrategie

Das Unternehmen erweitert sein Programm bzw. Sortiment um neue Produkte, die es auf neuen Märkten anbietet. Dabei sind grundsätzlich drei Arten von Diversifikation zu unterscheiden:

- **horizontale Diversifikation:** Erweiterung des Produktprogramms um Produkte, die mit dem bisherigen Programm in sachlichem Zusammenhang (z. B. ähnliche Werkstoffe, ähnliche Produktionsprozesse, verwandter Verwendungszweck) und zugleich auf derselben Produktions- oder Handelsstufe stehen (z. B. Fahrradhändler verkauft zukünftig auch Regenkleidung)
- **vertikale Diversifikation:** Vermarktung von Produkten einer vor- oder nachgelagerten Produktions- oder Handelsstufe (z. B. Schuhfabrikant verkauft zukünftig auch sein Rohleder an die Industrie)
- **laterale Diversifikation:** Vermarktung neuer Produkte, die mit den bisherigen Produkten in keinem Zusammenhang stehen, an neue Kundengruppen (z. B. der Motorradhersteller Yamaha bietet auch Pianos an)

3 Auswählen attraktiver Marktsegmente

Die Careli GmbH ist nicht in jedem Marktsegment des Taschenmarktes vertreten. Um das geplante Umsatzwachstum zu erreichen, erwägt die Marketingabteilung, neue Taschen entweder für das Marktsegment „Sportler" oder aber das Segment „Schüler & Studenten" anzubieten. Der Kollege aus der Markforschung weiß Folgendes zu berichten:

Marktsegment „Sportler": Sportler sind für Taschenanbieter seit jeher ein bedeutendes und stabiles Marktsegment. Die Aussage des Einzelhandels dazu ist: „Sporttaschen werden immer gebraucht." Dieses Jahr wurde allein mit Sporttaschen in Deutschland[1] ein Marktvolumen von 210 Mio. € erreicht, darüber hinaus wächst dieser Markt immer noch mit einer jährlichen Wachstumsrate von 3 %. Es gibt jedoch zahlreiche etablierte Anbieter für Sporttaschen, sodass Careli bestenfalls einen langfristigen Marktanteil von 2 % realisieren kann. Das kann aufgrund der Größe dieses Marktsegments jedoch einen erheblichen Umsatz für Careli bedeuten.

Marktsegment „Schüler & Studenten": Laut Außendienstbericht sieht der Einzelhandel bundesweit einen zunehmenden Bedarf an originellen Schul- und Freizeittaschen für die Zielgruppe Schüler & Studenten im Alter von 16 bis 26 Jahren. Es handele sich dabei um einen grundsätzlichen Trend in dieser Altersgruppe – weg von der Einheitstasche hin zum persönlichen Lifestyleprodukt. Allein im Testmarkt Berlin[2] wurde in diesem Jahr ein Markvolumen von 1,8 Mio. € realisiert. Das jährliche Marktwachstum beträgt etwa 20 %. Careli kann bereits im Folgejahr mit einem erfolgreichen Produkt einen Marktanteil von etwa 15 % erreichen.

ARBEITSAUFTRÄGE

1. Welche Segmentierungsstrategie betreibt die Careli GmbH zurzeit? Nehmen Sie den nachfolgenden Infotext zu Hilfe und begründen Sie Ihre Meinung.

2. Ermitteln Sie das Umsatzpotenzial beider Marktsegmente auf dem deutschen Markt für das Unternehmen Careli im Folgejahr. Gehen Sie bei Ihren Berechnungen davon aus, dass die Hälfte des erwirtschafteten Umsatzes auf den Handel entfällt. Für welches Marktsegment sollte sich Careli bei vergleichbarer Kostensituation entscheiden?

3. Prüfen Sie mithilfe der Segmentierungskriterien aus dem nachfolgenden Infotext, ob Careli dieses Marktsegment noch weiter segmentieren sollte, und beraten Sie das Unternehmen.

1 83 Mio. Einwohner
2 ca. 3,6 Mio. Einwohner

Infotext: Marktsegmentierungsstrategien

Vorgeschichte: Die Massenmarktstrategie

In Zeiten der Industrialisierung und in der Nachkriegszeit überstieg die Nachfrage auf vielen Märkten das Angebot (Verkäufermärkte), sodass die Hersteller sicher sein konnten, ihre Produkte erfolgreich am Markt abzusetzen. Eine Differenzierung der Produkte war nicht nötig, denn die Nachfrager waren froh, wenn sie überhaupt zum Zuge kamen. Mit anderen Worten: Alle Kunden bekamen ein- und dasselbe Einheitsprodukt. Henry Ford sagte in diesem Zusammenhang einmal:

„Man kann einen Ford in jeder Farbe bekommen, solange diese Farbe schwarz ist.“

Die Belieferung des gesamten Marktes mit einem undifferenzierten Massenprodukt bezeichnet man als Massenmarktstrategie. Diese war noch bis Ende der 1960er-Jahre auch in Deutschland weit verbreitet (z. B. Persil, Pritt, Odol, Coca-Cola, Kinderschokolade). Die Massenmarktstrategie erlaubt den Unternehmen, ihre Stückkosten deutlich zu senken, da die Fixkosten auf eine große Stückzahl verteilt werden.

Trend zur Marktsegmentierung

Mit zunehmender Marktsättigung sahen sich die Unternehmen immer öfter gezwungen, individuelle Kundenwünsche zu berücksichtigen, frei nach der Devise: *„Jedem Tierchen sein Pläsierchen“*. Und so kamen die Unternehmen auf die Idee, den Gesamtmarkt mit unterschiedlichen (heterogenen) Kundenbedürfnissen in Teilmärkte mit gleichartigen (homogenen) Bedürfnissen zu zerlegen und diesen Teilmärkten dann entsprechend differenzierte Produkte anzubieten. Die Produkte und deren Vermarktung werden hier also auf die einzelnen Marktsegmente zugeschnitten.

Definition: Marktsegmentierung ist das Zerlegen eines heterogenen[1] Gesamtmarktes in homogene[2] Teilmärkte sowie die anschließende Bearbeitung dieser Teilmärkte.

Beispiel: Eine Großbrauerei zerlegt den gesamten Biermarkt in die Marktsegmente Männer, Frauen, Mädchen, Autofahrer und Kinder. Für die einzelnen Marktsegmente bietet sie dann differenzierte Biersorten an: herbes Bier, mildes Bier, Lemon-Bier, alkoholfreies Bier und Malzbier.

Marktsegmentierung

Entwickeln einer Marktsegmentierungsstrategie

Eine Marktsegmentierungsstrategie lässt sich in drei Schritten entwickeln: In einem ersten Schritt ist der Gesamtmarkt abzugrenzen, im zweiten Schritt ist er in homogene Marktsegmente zu zerlegen und im dritten Schritt sind attraktive Marktsegmente auszuwählen. Im Einzelnen:

Schritt 1: Abgrenzen des Gesamtmarktes

Zunächst ist, wie auch bei den Wachstumsstrategien, der Gesamtmarkt eindeutig abzugrenzen. Dabei kann die Marktabgrenzung nach Aspekten der Zweckmäßigkeit enger oder weiter gefasst werden.

Beispiel: Ein Unternehmen der chemischen Industrie kann den Markt für Körperpflegeprodukte abgrenzen und das Marktsegment „Seifen“ definieren. Ebenso kann es den Markt für Seifen abgrenzen und das Marktsegment „medizinische Seifen“ definieren.

1 ungleichartig, andersartig
2 gleichartig

Schritt 2: Zerlegen des Gesamtmarktes in homogene Marktsegmente

In einem zweiten Schritt wird der Gesamtmarkt mithilfe sogenannter Segmentierungskriterien, also kaufrelevanter Trennvariablen, in homogene Marktsegmente zerlegt. Wichtige Segmentierungskriterien sind:

Segmentierungskriterien	
Segmentierungskriterium	**Beispiel**
geografisch	
Nation	Engländer kaufen Autos mit dem Steuer auf der rechten Seite.
Klimazone	Südeuropäer kaufen mehr Cabrios als Nordeuropäer.
demografisch	
Alter	Ältere Menschen investieren mehr Geld in Sicherheit als jüngere Menschen.
Geschlecht	Frauen fahren lieber kleinere Autos als Männer.
Einkommen	Manager kaufen luxuriösere Autos als Sachbearbeiter.
Familienstand	Familien benötigen geräumigere Autos als Singles.
psychografisch	
Lebensstil	Bescheidene Menschen bevorzugen unauffälligere Autos als prestige- und statusorientierte Menschen.
Persönlichkeit	Aggressive Persönlichkeiten bevorzugen schnellere Autos als zurückhaltende Persönlichkeiten.
Einstellung	Umweltbewusste Konsumenten verlangen Autos mit geringem Verbrauch.

Dabei sind die Segmentierungskriterien so zu wählen, dass die Marktsegmente

- sich in ihrem Kaufverhalten deutlich unterscheiden,
- für die Marktforschung eindeutig identifizierbar sind,
- eine ausreichende Mindestgröße (Mindestumsatz) aufweisen,
- über einen ausreichend langen Zeitraum existieren.

Beispiele: In der Kommunikationsanalyse 2012 segmentierte die Gruner & Jahr AG & Co KG aus Hamburg unter anderem den deutschen Konsumgütermarkt mithilfe des Segmentierungskriteriums „Einkommen“:

Segmentierungskriterium: Haushaltseinkommen

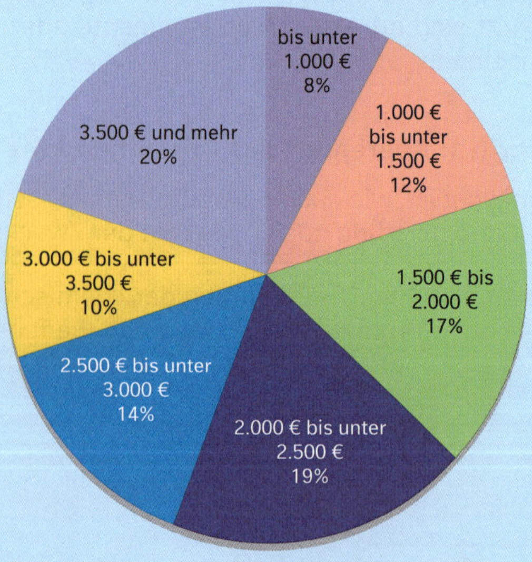

Der Online-Versandhändler Zalando zerlegt seinen Markt mithilfe psychografischer Segmentierungskriterien in sieben Kundensegmente:[1]

- Happy Casuals
- Fresh Families
- Modern Mainstreamers
- Hipp Poppers
- Preppy Strivers
- Cultured Elites
- Street Snobs

Schritt Nr. 3: Auswählen attraktiver Marktsegmente

Schließlich muss das Unternehmen entscheiden, welche dieser Marktsegmente bearbeitet werden sollen. Man unterscheidet dazu drei mögliche Strategien:

- **Strategie der Segmentkonzentration:** Das Unternehmen wählt nur ein Segment aus, dem es ein bestimmtes Produkt bzw. eine Produktgruppe anbietet.
- **Strategie der selektiven Segmentspezialisierung:** Das Unternehmen wählt bestimmte Segmente aus, für die es differenzierte Produkte bzw. Produktgruppen anbietet.
- **Strategie der Marktabdeckung:** Das Unternehmen bietet für alle Marktsegmente entsprechend differenzierte Produkte bzw. Produktgruppen an.

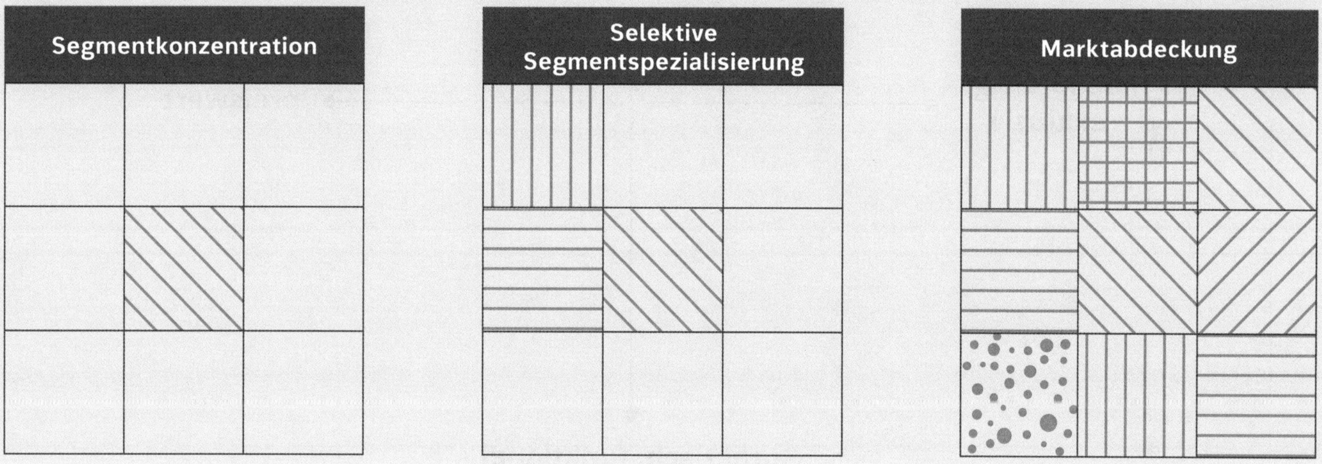

Beispiel: Ein Uhrenhersteller unterscheidet folgende Marktsegmentierungsstrategien auf dem Markt für Armbanduhren:

- **Segmentkonzentration:** Das Unternehmen bearbeitet nur das Marktsegment *Damenuhren*.
- **Selektive Spezialisierung:** Das Unternehmen bearbeitet die Marktsegmente *Damenuhren* und *Herrenuhren*.
- **Marktabdeckung:** Das Unternehmen bearbeitet sämtliche Marktsegmente: *Damenuhren, Herrenuhren, Kinderuhren, Designeruhren, Taucheruhren usw.*

Marktsegmentierung mit Social Media

Da die Nutzer sozialer Netzwerke ihre persönlichen Daten (demografische Daten wie Wohnort, Alter, Geschlecht, aber auch Meinungen, Hobbies, Kaufverhalten usw.) freiwillig auf ihrer Profilseite hinterlegen, wird der Aufwand für die Marktforschung der Unternehmen deutlich reduziert, denn sie können diese Daten bei den Betreibern der Netzwerke käuflich erwerben und müssen sie nicht mehr mühsam selbst erheben.

1 vgl. https://geschaeftsbericht.zalando.de/2017/magazin/mission-ztypes-das-passende-marketing-fuer-jede-zielgruppe/, abgerufen am 14. Oktober 2021

4 Positionieren im Wettbewerb

Nun sollen die Positionierungsstrategien von Careli und seinen Wettbewerbern grafisch dargestellt werden.

ARBEITSAUFTRÄGE

1. Bestimmen Sie für das ausgewählte Marktsegment die Position der wichtigsten Konkurrenzmarken von Careli (Esprit, H&M, Eastpak, TCM von Tchibo, Lacoste, s.Oliver, Elesse, MK und bei Bedarf weitere) im Eigenschaftsraum. Nehmen Sie dabei den nachfolgenden Infotext zu Hilfe und tragen Sie alle Produkte in folgender Grafik ein:

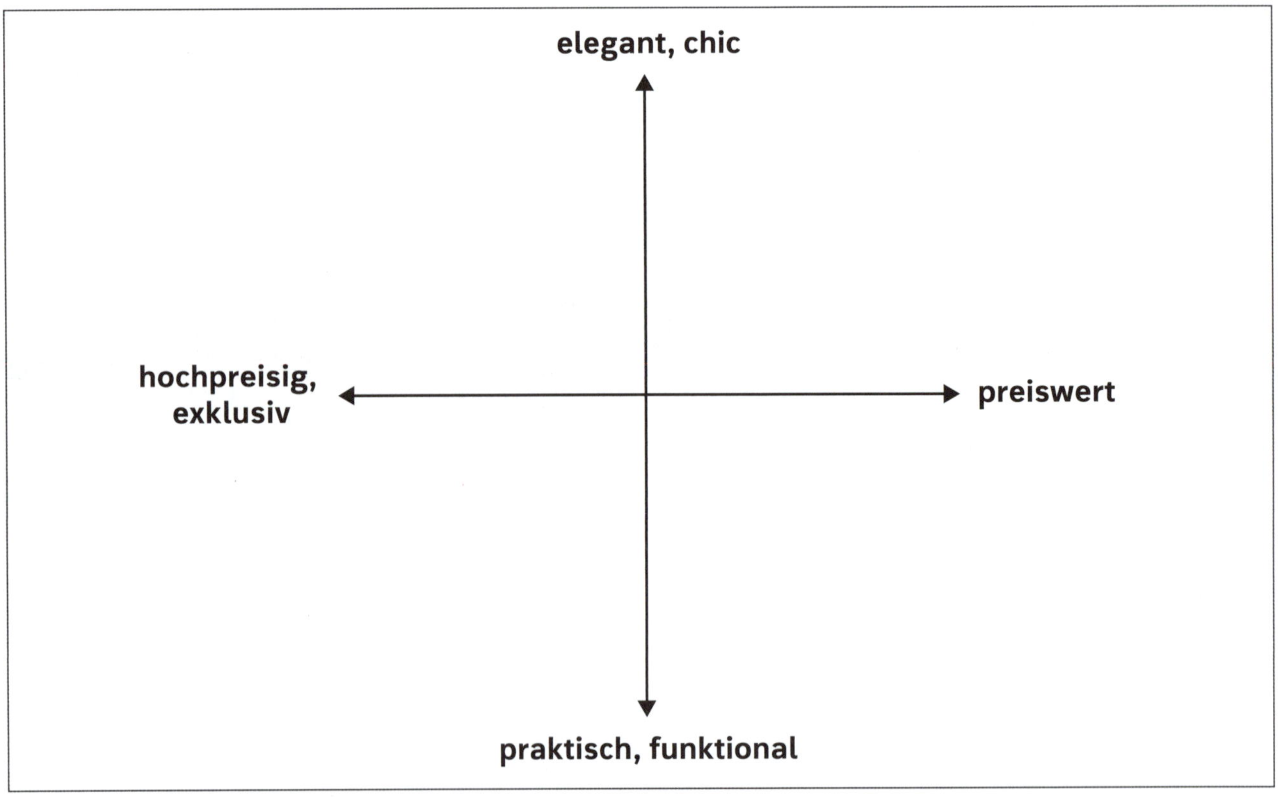

2. Positionieren Sie mithilfe der Informationen auf Seite 7 nun auch die Marke Careli im Eigenschaftsraum. Begründen Sie anschließend Ihre Meinung.

3. Kritiker im Hause Careli fordern schon länger, dass die Marke Careli umpositioniert werden sollte. Diskutieren Sie diesen Vorschlag.

Infotext: Positionierung und USP

Positionieren über ein Alleinstellungsmerkmal (USP)

Um bei der Vielzahl an Wettbewerbern und deren Produkten im Markt überhaupt wahrgenommen zu werden, muss das betriebliche Marketing dafür sorgen, dass sich die eigenen Produkte von den Wettbewerbsprodukten in der Kundenwahrnehmung deutlich abheben. Zu diesem Zweck bestimmt jede Marketingabteilung für ihr Produkt ein Alleinstellungsmerkmal (engl.: unique selling proposition, kurz „USP“), also ein Merkmal, das die Wettbewerbsprodukte nicht haben. Dazu sind folgende Fragen zu beantworten: *„Was unterscheidet uns von der Konkurrenz?“*; *„Was zeichnet uns aus?“*; *„Was können wir, was die anderen nicht können?“*; *„Warum sollte man ausgerechnet unser Produkt kaufen?“* Fachleute sprechen vom *„Reason Why“*. Herausgestellt werden entweder objektive Produkteigenschaften (z. B. Formstabilität von Rimowa-Koffern) oder künstlich zugeschriebene Produkteigenschaften (z. B. sportliches Fahren bei BMW). Mithilfe dieses Alleinstellungsmerkmals positioniert das Marketing dann das Produkt in der subjektiven Wahrnehmung der Kunden. Positioniert werden Produkte, Dienstleistungen, Marken, Institutionen und Personen.

Beispiele: Audi positioniert sich als technischer Pionier („Vorsprung durch Technik“[1]), Sebamed-Seife wird als medizinische Seife positioniert, Media Markt steht für niedrige Preise, Geox atmet usw.

Visualisieren der Positionierung

In vielen Fällen lässt sich die Positionierung in einem zweidimensionalen Eigenschaftsraum (Wahrnehmungsraum) grafisch darstellen. Dabei stehen die Achsenbezeichnungen für von Kunden wahrgenommene kaufrelevante Produkteigenschaften. Oftmals versuchen die Unternehmen, eine Positionierungslücke zu besetzen. Voraussetzung ist, dass es für diese Eigenschaftskombination eine ausreichende Nachfrage gibt.

Beispiel[2]:

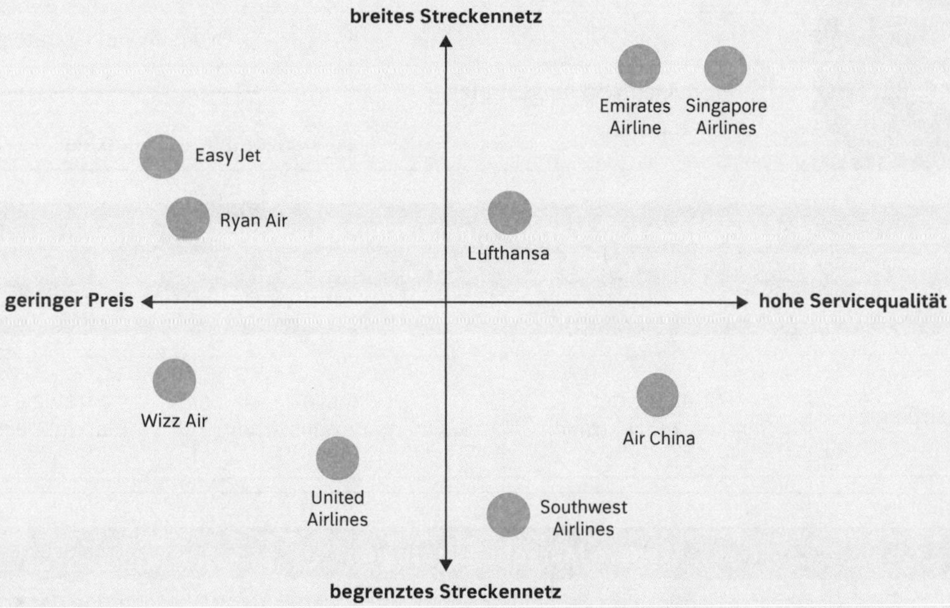

Anforderungen an eine erfolgreiche Positionierung

Eine erfolgreiche Positionierung ist
- einfach, klar und einprägsam (keine Mehrfachpositionierung),
- glaubwürdig,
- nicht von der Konkurrenz kopierbar,
- langfristig angelegt.

Verankern der Position in der Kundenwahrnehmung

Ist eine Position definiert, so wird sie anschließend durch den Marketingmix, also den abgestimmten Einsatz der operativen Marketinginstrumente („4 Ps“) in den Köpfen der Kunden verankert. Dabei kommt der Kommunikationspolitik die Hauptrolle zu: Jede Werbeagentur leitet ihre Kampagne aus der Positionierung ab.

---

1 AUDI AG: Vorsprung durch Technik, www.audi.com/de/company/history/vorsprung-durch-technik.html [01.03.2022]
2 vgl. Bruhn: Marketing. Grundlagen für Studium und Praxis, Springer Gabler, Wiesbaden, 14. Auflage 2019, S. 71.

Kompaktwissen

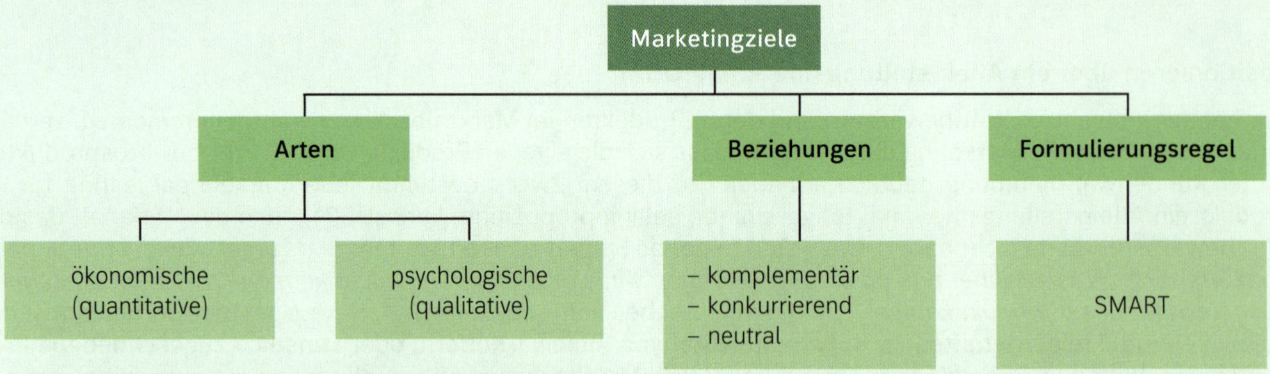

Wachstumsstrategien			
		Märkte	
		alt	neu
Produkte	alt	Marktdurchdringungsstrategie	Marktentwicklungsstrategie
	neu	Produktentwicklungsstrategie	Diversifikationsstrategie: horizontale, vertikale, laterale

Massenmarkt- und Marktsegmentierungsstrategien			
Nichtsegmentierung	Marktsegmentierungsstrategien		
Massenmarktstrategie	Strategie der Segmentkonzentration	selektive Segmentspezialisierung	Strategie der Marktabdeckung

Weitere Marketingstrategien	
Positionierungsstrategien	Besetzen einer Position gegenüber dem Wettbewerb in der Wahrnehmung der Konsumenten mithilfe eines attraktiven Alleinstellungsmerkmals (einzigartiger Verkaufsvorteil, USP).
Strategien zur SWOT-Analyse	SO-Strategien: mit Stärken Chancen nutzen; ST-Strategien: mit Stärken Risiken senken; WO-Strategien: Schwächen abbauen, um Chancen nutzen zu können; WT-Strategien: Bedrohungen gegenüber eigenen Schwächen abwehren
Strategien zur Portfolioanalyse	Investitions- und Desinvestitionsstrategien (Aus- oder Rückbau strategischer Geschäftsfelder) und die Abschöpfungsstrategie (Abziehen finanzieller Mittel aus Geschäftsfeldern, die entsprechende Überschüsse erwirtschaften)

Kompaktwissen Spezial: Wettbewerbsstrategien nach Porter

Drei Strategietypen

Der US-amerikanische Ökonomieprofessor Michael E. Porter (Harvard Business School) entwickelte bereits in den siebziger Jahren des vergangenen Jahrhunderts drei grundlegende Strategietypen, mit denen sich jedes Unternehmen im Wettbewerb behaupten könne:[1]

- **Umfassende Kostenführerschaft:** Das Unternehmen versucht, einen Kostenvorsprung gegenüber seinen Konkurrenten zu erzielen und dadurch sein Überleben im Wettbewerb zu sichern. Kostenführerschaft ist nicht das Gleiche wie Preisführerschaft, wohl aber deren Voraussetzung. Sie erlaubt Preisspielräume bei Abnehmern mit großer Marktmacht (z. B. großen Handelsketten) und führt zu höheren Gewinnen, welche wiederum für Investitionen genutzt werden können. Typische Maßnahmen zur Kostensenkung sind der Aufbau effizienter Produktionsanlagen, die Produktion großer Mengen (Massenproduktion), die Standardisierung (Vereinheitlichung) und Verschlankung betrieblicher Prozesse, die systematische Auswertung eigener Erfahrungen sowie eine strenge und kontinuierliche Kostenkontrolle in allen betrieblichen Bereichen. Voraussetzung dieser Strategie ist in den meisten Fällen ein großer Marktanteil. Praxisbeispiele sind Aldi, Ryanair und Huawei.
- **Differenzierung („Qualitätsführerschaft"):** Diese ist nicht zu verwechseln mit „Produktdifferenzierung", sondern bedeutet in diesem Zusammenhang, dass sich das angebotene Produkt in den Augen der Kunden durch ein attraktives *Alleinstellungsmerkmal* deutlich von den Wettbewerbsprodukten unterscheidet und als einzigartig wahrgenommen wird. Die Differenzierung kann durch objektive Produktmerkmale (Leistung, Qualität, Design, Größe, Gewicht usw.) erreicht werden, aber auch durch andere Faktoren (enges Händlernetz, Beratungsqualität, Lieferzeiten, Markenimage, persönlicher Kundenkontakt usw.). Ist die Differenzierung erfolgreich, kaufen die Kunden das Produkt auch dann, wenn es teurer ist als die Konkurrenzprodukte (Präferenzstrategie). Auf diese Weise kann das Unternehmen einerseits Kunden an sich binden und andererseits einem ruinösen Preiskampf ausweichen. Die Absicherung der Gewinne erfolgt hier, anders als bei der Strategie der Kostenführerschaft, über hohe Umsätze. Praxisbeispiele sind Edeka, Lufthansa und Apple.
- **Konzentration auf Schwerpunkte („Nischenstrategie"):** Bei dieser Strategie verzichtet das Unternehmen darauf, dem Gesamtmarkt ein vollständiges Produktprogramm anzubieten. Stattdessen konzentriert bzw. spezialisiert es sich mit seinen Stärken (z. B. ein bestimmtes Know-how) nur auf ein Marktsegment bzw. auf eine **Marktnische**. Das kann eine bestimmte Abnehmergruppe, ein spezielles Produkt in einem Produktprogramm oder auch ein geografisch abgegrenzter Markt sein. Durch die Spezialisierung auf dieses Marktsegment kann das Unternehmen die Anforderungen seiner Kunden besser erfüllen, als wenn es seine Produkte auf dem Gesamtmarkt anbietet. Praxisbeispiele sind Ortlieb Fahrradtaschen und Frosch Sportreisen.

Unvereinbarkeitshypothese

In seinem bekannten Buch „Wettbewerbsstrategien" warnt Porter die Unternehmen davor, sich „zwischen die Stühle zu setzen" („stuck in the middle"). Wörtlich schreibt er: „Die drei Strategietypen sind alternative, gangbare Möglichkeiten, um mit den Wettbewerbskräften fertig zu werden. Das bedeutet umgekehrt, dass ein Unternehmen, dem es nicht gelingt, seine Strategie zumindest in eine dieser drei Richtungen zu entwickeln – das also „zwischen den Stühlen sitzt" – in einer äußerst schlechten strategischen Situation ist. [...] Selten ist ein Unternehmen für alle drei gleichermaßen geeignet. Einmal zwischen den Stühlen, bedarf es in der Regel Zeit und kontinuierlicher Anstrengung, um das Unternehmen aus dieser wenig beneidenswerten Position zu befreien. Gerade bei Unternehmen, die sich in Schwierigkeiten befinden, gibt es aber offenkundig die Tendenz, zwischen den Strategietypen hin- und herzuwechseln. Angesichts der potenziellen Widersprüche, die das Verfolgen dieser drei Strategien beinhaltet, ist ein solches Verhalten fast immer zum Scheitern verurteilt."[2]

Kritik

Porters Systematisierung und auch seine Unvereinbarkeitshypothese wurden in den letzten Jahren vielfach kritisiert. Beispielsweise würde das Unternehmen IKEA die Strategie der Differenzierung sehr wohl erfolgreich mit der Strategie der Kostenführerschaft verbinden. Außerdem erlauben moderne Verfahren der Automatisierung die Kombination der Massenproduktion mit der Erfüllung individueller Kundenwünsche („Mass Customization"). So können Fräsroboter und auch 3-D-Drucker individuelle Produkte in großer Zahl und zu geringen Kosten fertigen, da die Rüstkosten entfallen.

1 vgl. Michael E. Porter: Wettbewerbsstrategie: Methoden zur Analyse von Branchen und Konkurrenten, Campus, Frankfurt am Main, 12. Auflage 2013, S. 73 ff.
2 ebd., Seite 81 f.

Kompaktwissen Spezial: Customer-Relationship-Management-Strategien

Begriff und Wesen

Der Begriff „Customer-Relationship-Management" (im Folgenden kurz CRM) bedeutet übersetzt „Kundenbeziehungsmanagement" und wird in der Literatur uneinheitlich definiert. Im Kern geht es darum, das Unternehmen und seine Prozesse (vor allem im Marketing, Vertrieb und Kundendienst) konsequent auf seine Kunden und deren Wünsche auszurichten und langfristige profitable Kundenbeziehungen auf- und auszubauen. Ein wichtiges Element des CRM ist eine zentrale Software, die als CRM-System bezeichnet wird.

Warum CRM?

Hauptgrund für die zunehmende Bedeutung des CRM ist die weltweite Verschärfung des Wettbewerbs in allen Branchen, die vor allem auf eine Zunahme des Angebots, gesättigte Märkte sowie eine zunehmende Markttransparenz zurückzuführen ist. Die Folge sind steigende Kundenansprüche und abnehmende Kunden- bzw. Markentreue. Zugleich aber ist der Kundenstamm einer der wichtigen Erfolgsfaktoren für die Profitabilität von Unternehmen. Und da es gemäß einer Faustregel rund fünfmal teurer ist, Neukunden zu gewinnen als Bestandskunden zu halten, liegt es nahe, seine Kunden an das Unternehmen zu binden.

Merkmale

- **Individualität („one-to-one marketing"):** Angebote, Produkte, Leistungen und Services werden auch bei Serien- und Massenproduktion individuell zugeschnitten. Eine Variante ist das Dialogmarketing, bei dem der Kunde persönlich (über Anschreiben, Telefon, E-Mail usw.) kontaktiert wird.
- **Langfristigkeit:** Studien zufolge nehmen Unternehmensgewinne mit Dauer der Kundenbindung zu. An die Stelle des kurzfristigen Verkaufserfolgs tritt beim CRM die Kundenlebenszeitperspektive („Lifetime Value"), bei der das Unternehmen den Kunden sein Leben lang begleitet und ihm das in der jeweiligen Lebensphase geeignete Produkt anbietet.
- **Verfügbarkeit relevanter Kundeninformationen:** Informationen wie Kontaktdaten, Kundenwünsche, Kaufverhalten usw. werden mithilfe eines CRM-Systems gespeichert und überall dort bereitgestellt, wo sie benötigt werden (z. B. übersichtliche Darstellung bisheriger Wünsche und Bestellungen bei Telefonaten mit dem Kunden).
- **Integration:** Der Kunde wird in alle Geschäftsprozesse integriert, das bedeutet: Wo immer möglich werden alle betrieblichen Prozesse auf den Kunden und seine Anforderungen ausgerichtet (z. B. Berücksichtigung von Kundenanforderungen schon bei der Materialbeschaffung).
- **Automatisierung:** Kundenorientierte Standardprozesse wie die Kontaktaufnahme, die individuelle Datenerfassung, die Organisation von Kundenkontaktdaten, das rechtzeitige Versenden von E-Mails usw. werden automatisiert.

Beispiel Kundenkarte

Ein bekanntes CRM-Instrument ist die Kundenkarte (z. B. im Einzelhandel). Diese räumt dem Kunden bestimmte Vorteile ein (Zahlungsfunktion, Rabatte, Kredite, Bonuspunkte usw.) und bindet ihn damit an das Unternehmen. Gleichzeitig kann das Unternehmen das Kaufverhalten des Kunden nachverfolgen („tracken") und damit wertvolle Informationen gewinnen (bevorzugte Produkte, Kauftermine und Orte, Gesamtumsatz usw.). Die Kundenkarte ist damit zugleich ein effektives Instrument der Marktforschung.

Einordnung und Abgrenzung

Customer-Relation-Management und Marketingmanagement sind zwar zwei unterschiedliche Managementkonzepte, weisen aber Schnittmengen auf und sind im Idealfall eng miteinander verflochten. Marketingmanager sprechen auch von Relationship-Marketing oder Beziehungsmarketing. CRM-Konzepte, welche die langfristige und ganzheitliche Ausgestaltung des CRM beschreiben, können dem strategischen Marketing zugeordnet werden. Die Implementierung (Einführung) eines CRM-Konzepts erfolgt gewöhnlich im Rahmen einer umfassenden Reorganisation des Unternehmens und ist Aufgabe des Change-Managements.

Vertiefungsaufgaben

1. Warum werden Imageziele langfristiger (ca. auf fünf Jahre) festgelegt als Umsatzziele (ca. auf ein Jahr)?

2. Ein Hersteller von Babynahrung verfolgt gleichzeitig die Ziele, auch in ausländischen Supermärkten vertreten zu sein sowie die Marketingkosten zu senken. Erläutern Sie die Zielbeziehung sowie die erforderliche Entscheidung.

3. Das Programm des Fahrradherstellers Russ umfasst die Produktgruppen „Trekkingbikes", „Mountainbikes", „traditionelle Stadtfahrräder", „Hollandfahrräder" sowie „technisches Zubehör". Um einem Umsatzrückgang entgegenzuwirken, denkt Russ über verschiedene Wachstumsstrategien nach.

a) Um welche Wachstumsstrategien handelt es sich in den folgenden Fällen?
- Aufnahme von Tandems in das Programm
- Durchführen einer Sonderpreisaktion im Juli
- Aufbau eines Webshops zur Gewinnung überregionaler Kunden
- Aufnahme von Motorradkleidung in das Programm

b) Unterbreiten Sie Russ für jede der Ihnen bekannten Wachstumsstrategien einen eigenen Vorschlag.

4. Positionieren Sie folgende Duschgels im Eigenschaftsraum: Adidas, Nivea, Axe, Fa, Dove, Calvin Klein, Isana (Rossmann), Sebamed, Palmolive, Alpecin, Head & Shoulders

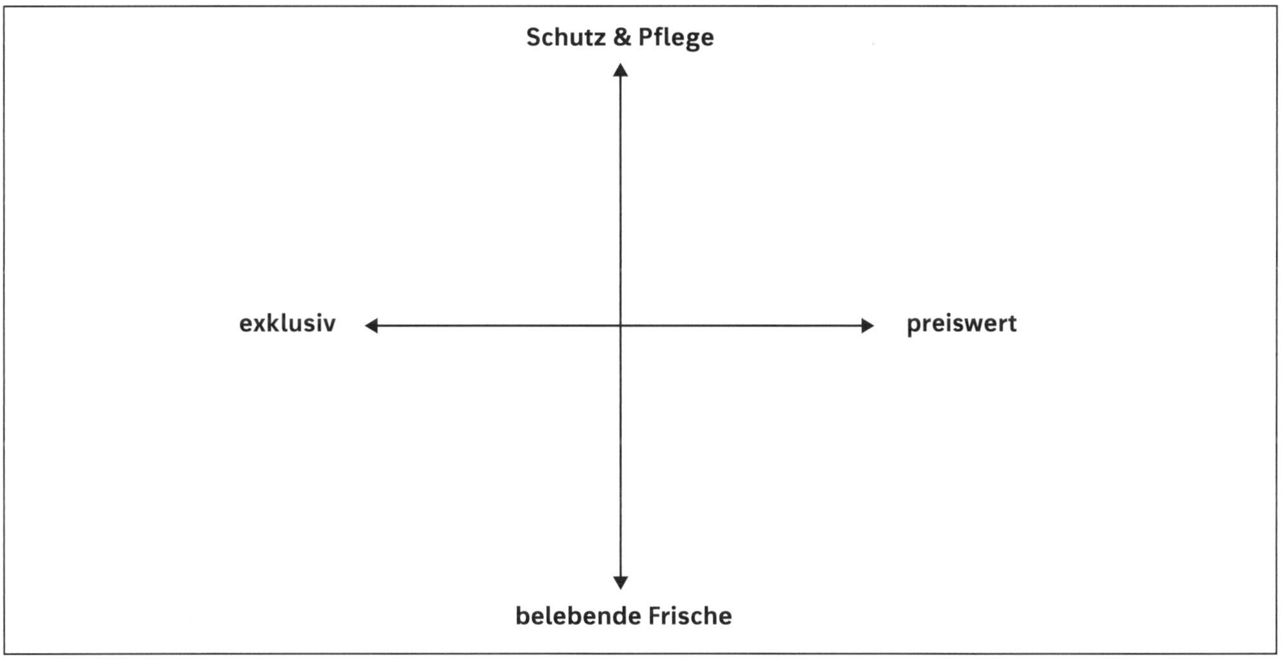

5. Segmentieren Sie den Sporttaschenmarkt, indem Sie Kundengruppen mit gleichartigen Anforderungen an eine Sporttasche zusammenfassen. Kreisen Sie diese einfach mit einem Stift ein und begründen Sie Ihr Vorgehen.

Schwimmer

Fahrradfahrer **Karate-Sportler**

Fitness-Sportler **Badmintonspieler** **Fußballspieler**

Golfspieler **Handballspieler**

Tennisspieler

6. Erläutern Sie Vor- und Nachteile der Marktsegmentierung für die Anbieter.

D Marktforschung

Praxisfall „Careli GmbH"

1 Planen des Ablaufs einer Befragung

Die Careli GmbH hat die Entwicklung einer neuen Schul- und Freizeittasche für das Marktsegment „Schüler und Studenten" beschlossen. Um die Wünsche der Zielgruppe besser kennenzulernen, plant die Marketingabteilung von Careli eine Marktforschung in Form einer Befragung. Damit diese wie auch zukünftige Befragungen systematisch und erfolgreich verlaufen, soll das gesamte Befragungsverfahren einheitlich geplant und übersichtlich dargestellt werden.

ARBEITSAUFTRÄGE

1. Tragen Sie im Ablaufschema „Befragungsprozess" folgende Überschriften in die grauen Kopfzeilen der einzelnen Schritte (Arbeitspakete) ein. Achten Sie auf die richtige Reihenfolge.

- Durchführung der Interviews
- Entwickeln des Fragebogens
- Aufbereitung und Auswertung der Daten
- Präsentation der Ergebnisse
- Festlegung des Auswahlverfahrens
- Gespräch mit dem Auftraggeber

2. Ordnen Sie anschließend den einzelnen Schritten bzw. Arbeitspaketen die folgenden Aktivitäten zu:

- Vorstellen der Ergebnisse gegenüber dem Auftraggeber
- Überarbeiten des Fragebogens
- Bestimmen der Größe der Stichprobe („Wie viele wollen wir befragen?")
- Entwickeln eines ersten Fragebogens
- Zusammenstellen aller Ergebnisse (Diagramme, Interpretation) in einer strukturierten Präsentation
- Auszählen der Antworten
- Entscheiden für ein Auswahlverfahren (Auswahl der zu befragenden Personengruppen)
- Formulieren präziser Befragungsziele
- Sammeln von allen bedeutsamen Informationen (Recherchen, Expertenmeinungen usw.)
- Kopieren der erforderlichen Anzahl an Fragebögen
- Befragen der ausgewählten Zielpersonen
- Dokumentieren von Befragungszielen und Befragungsauftrag
- Darstellen der Antworthäufigkeiten in Diagrammen (z. B. Balkendiagramm, Tortendiagramm usw.)
- Klären des Problems, das der Befragung zugrunde liegt
- Durchführen weniger Testbefragungen zur Überprüfung der Stimmigkeit des Bogens
- Analysieren und Interpretieren der Diagramme

Ablaufschema: Befragungsprozess

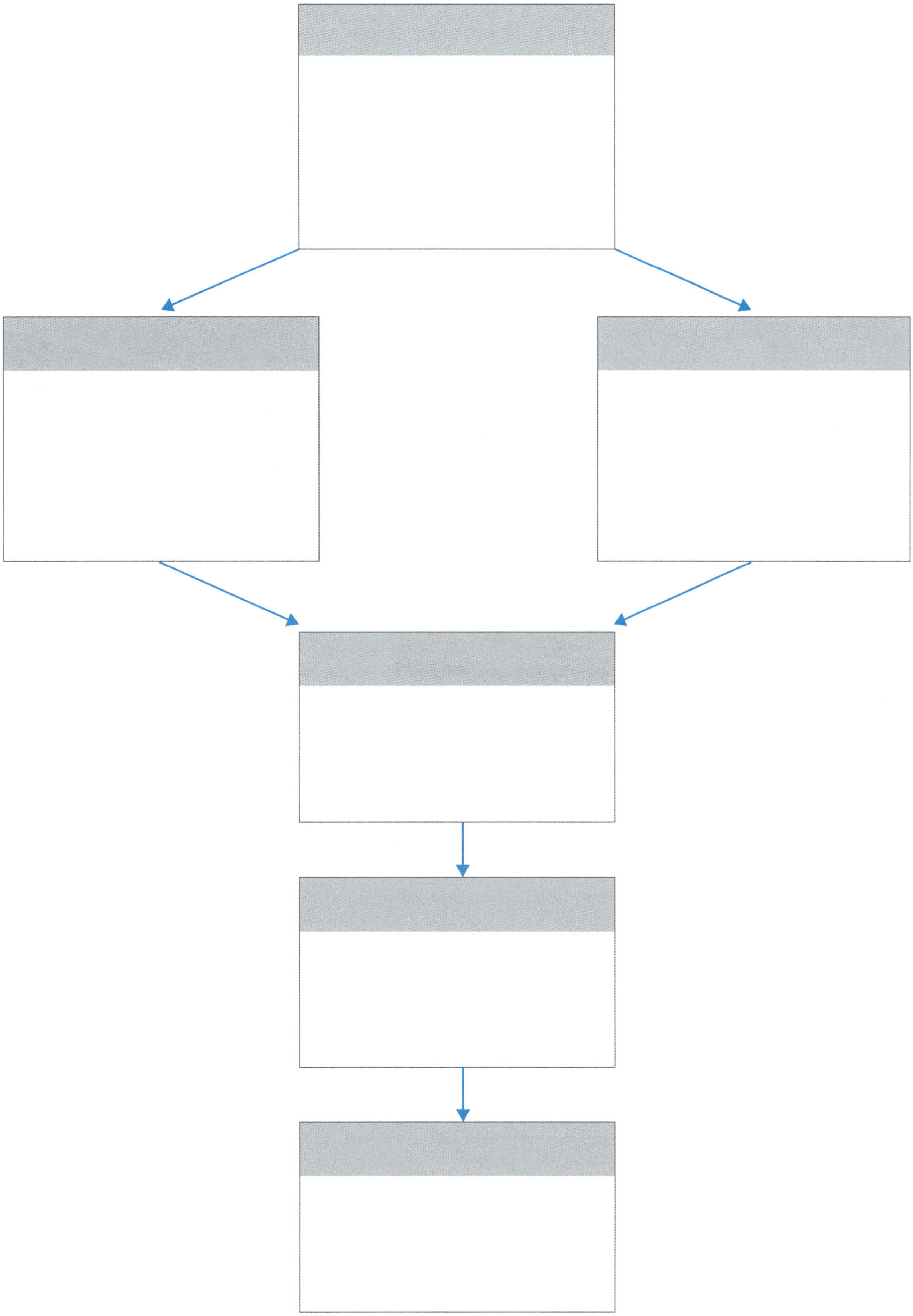

2 Entwickeln des Fragebogens

Um die Produktentwicklung und Vermarktung der neuen Schul- und Freizeittasche möglichst erfolgreich auf die Zielgruppe (Jugendliche im Alter von 16 bis 26 Jahren) auszurichten, soll zunächst eine repräsentative Befragung durchgeführt werden, für die folgende Befragungsziele formuliert wurden:

Befragungsziele

Die Befragung liefert geschlechtsspezifische Hinweise

Ziel 1: zu Anforderungen der Zielgruppe an das Produkt,
Ziel 2: zum Preis, den die Zielgruppe für das Produkt zu zahlen bereit wäre,
Ziel 3: zu bevorzugten Läden bzw. Onlineshops der Zielgruppe in Bezug auf Taschen,
Ziel 4: zu bevorzugten Medien, über welche die Zielgruppe mit Werbung erreicht werden kann.

ARBEITSAUFTRÄGE

Setzen Sie sich in Teams zusammen und bearbeiten Sie folgende Arbeitsaufträge:

1. Erstellen Sie einen sachgerechten Fragebogen unter Berücksichtigung der
   - vorliegenden Befragungsziele,
   - Fragearten (im nachfolgenden Infotext),
   - 12 Regeln der Fragebogenerstellung (im darauf folgenden Infotext).

   Tipp:
   Skizzieren Sie bereits jetzt die geplanten Diagramme.
   Die Skizzen helfen Ihnen bei der Entwicklung Ihres Fragebogens.

2. Präsentieren Sie anschließend Team für Team Ihren Fragebogenentwurf Ihren Mitschülern und nehmen Sie überzeugende Verbesserungsvorschläge auf.

Notizen und Skizzen

Infotext: Fragearten

Fragearten hinsichtlich Fragefunktion

Eisbrecherfragen: Eisbrecherfragen haben die Aufgabe, Kontakt zur befragten Person herzustellen und deren Bereitschaft zur Teilnahme an der Befragung zu erhöhen.

Sachfragen: Sachfragen dienen der Klärung von Sachverhalten, die den Auftraggeber interessieren, und sind damit inhaltlicher Natur. Sie machen den Löwenanteil der Fragen aus.

Überleitungsfragen (Pufferfragen): Überleitungsfragen sollen gedanklich von vorangehenden Themen abschirmen, welche häufig nachfolgende Fragen „überstrahlen“ können („Halo“-Effekt).

Beispiel: Die Beantwortung von Fragen, die sich mit dem Thema „Sexuelle Praktiken“ befassen, werden oftmals in Abhängigkeit davon beantwortet, ob vorher über Schutzmaßnahmen gegen Aids oder über Verklemmtheit gesprochen wurde.

Filterfragen: Abhängig von der Beantwortung der Frage wird die befragte Person zu einer bestimmten Frage weitergeleitet. Damit werden die Personen herausgefiltert, für die die betreffende Frage relevant ist.

Beispiel: „Rauchen Sie?

☐ Ja ☐ Nein

Wenn „Nein“, bitte weiter mit Frage 9.
Wenn „Ja“, bevorzugen Sie Filterzigaretten?“ usw.

Kontrollfragen: Kontrollfragen haben die Aufgabe, die Gültigkeit („Validität“) von Antworten zu kontrollieren, denn häufig geben die befragten Personen bewusst oder unbewusst unwahre Antworten. Dazu werden bereits beantwortete Fragen mit anderen Worten wiederholt abgefragt.

Fragearten hinsichtlich Fragetechnik

Offene Fragen: Die befragte Person soll die Antwort ohne Hilfestellung selbst formulieren.

Beispiel: „Wie beurteilen Sie das Fernsehprogramm des Privatsenders RTL?“

Um die Beantwortung offener Fragen in eine gewünschte Richtung zu steuern, wurde die **Satzergänzungsfrage** entwickelt. Diese gilt als Sonderform der offenen Frage.

Beispiel: „Wenn ich RTL einschalte, dann stört es mich sehr, dass ____________________.“

Geschlossene Fragen: Hier muss sich die befragte Person für eine oder mehrere vorformulierte Antwortmöglichkeiten entscheiden. Geschlossene Fragen können unterschiedlich ausgestaltet werden:

- **Alternativfrage:**[1] Die befragte Person muss sich zwischen zwei vorgegebenen Antwortmöglichkeiten entscheiden. Dabei werden auch die Fragen als Alternativfragen eingeordnet, die dem Befragten zusätzlich eine Ausweichmöglichkeit einräumen wie zum Beispiel „weiß nicht“ oder „keine Meinung“.

  Beispiel: „Halten Sie Frankreich für ein gutes Urlaubsland? ☐ Ja ☐ Nein ☐ Weiß nicht“

- **Alternativfrage als Dialogfrage:** Die befragte Person muss bei einem vorgegebenen fiktiven Dialog entweder einer Position oder gar nicht zustimmen.

1 Alternative: Möglichkeit oder Notwendigkeit der Entscheidung zwischen zwei sich ausschließenden Möglichkeiten, auch eine dieser Wahlmöglichkeiten selbst.

Beispiel: Die Kunden Müller und Krause unterhalten sich. Müller sagt: „Beim PC-Kauf achte ich nur noch auf den Preis.“ Krause erwidert: „Das sehe ich anders. Meine Kaufentscheidung mache ich vom Service abhängig.“

Wem würden Sie zustimmen? ☐ Müller ☐ Krause ☐ keinem von beiden

- **Mehrfachauswahlfrage mit einer Nennung:** Die befragte Person soll aus mehreren vorgegebenen Antwortmöglichkeiten eine auswählen.

Beispiel: „Welches Merkmal hat Sie an dem neuen Automodell zuerst angesprochen?

☐ Design
☐ Leistung
☐ elektronische Assistenten
☐ Preis
☐ Fahreigenschaften“

- **Skalafrage:** Die Skala ist eine Sonderform der Mehrfachauswahlfrage mit einer Nennung: Auch hier soll die befragte Person zwischen mehreren vorgegebenen Antwortmöglichkeiten eine auswählen. Die Antwortmöglichkeiten lassen sich jedoch auf einer Skala in eine Reihenfolge bringen und können, abhängig von der Art der Skala, mehr oder weniger präzise messen:

Beispiel: „Wie zufrieden sind Sie mit Ihrem Auto?

☐ ++ oder: ☐ sehr zufrieden oder: ☺ 😐 ☹
☐ + ☐ zufrieden
☐ 0 ☐ mal so, mal so
☐ – ☐ eher unzufrieden
☐ – – ☐ sehr unzufrieden

oder: sehr zufrieden ☐ ☐ ☐ ☐ ☐ ☐ ☐ ☐ ☐ gar nicht zufrieden“

- **Mehrfachauswahlfrage mit mehreren Nennungen:** Die befragte Person kann mehrere Antwortmöglichkeiten auswählen. Eine Rangfolge der Antwortmöglichkeiten besteht nicht.

Beispiel: „Welche dieser Getränke kaufen Sie gewöhnlich ein?

☐ Mineralwasser
☐ O-Saft
☐ A-Saft
☐ Limonade
☐ Bier“

Hybridfragen: Wird eine geschlossene Frage um eine offene Frage, die nur bei Bedarf zu beantworten ist, ergänzt, so handelt es sich um eine **Hybridfrage**.

Beispiel: „Welche Artikel wünschen Sie sich zusätzlich in unserem Sortiment?

☐ Heißgetränke
☐ Kekse
☐ Schokoladenartikel
☐ andere: ______________________________“

Infotext: 12 Regeln der Fragebogenerstellung

§ 1 Der Fragebogen ist so kurz wie möglich.

Die Beantwortung von Fragen eines Fragebogens nimmt die Zeit und Geduld der befragten Person in Anspruch. Die Befragung sollte daher so kurz wie möglich sein und auf möglichst wenig Seiten abgefasst werden.

§ 2 Jede Frage dient der Zielsetzung der Befragung.

Befragungen sind aufwendig und kostspielig. Es dürfen daher nur Fragen in den Fragebogen aufgenommen werden, welche direkt oder indirekt dazu dienen, die Befragungsziele des Auftraggebers zu erreichen.

§ 3 Jede Frage ist leicht verständlich formuliert.

Bei der Entwicklung des Fragebogens ist zu bedenken, dass die befragten Personen keine Fachleute sind.

Schlechtes Beispiel: „Wie sollte der Hersteller dieses Produkt aus Ihrer Perspektive preislich positionieren?"

Gutes Beispiel: „Wie viel darf dieses Produkt aus Ihrer Sicht höchstens kosten?"

§ 4 Fragen dürfen nicht die Beantwortung nachfolgender Fragen erübrigen.

Häufig erübrigt sich eine Frage in Abhängigkeit von der Beantwortung der vorangegangenen Fragen.

Beispiel: Der Frage „Kaufen Sie Lebensmittel in Konserven?" folgt die Frage „Wie viel geben Sie durchschnittlich pro Woche für Konserven aus?". Wurde die erste Frage mit „Nein" beantwortet, erübrigt sich die zweite Frage.

Dieses Problem lässt sich durch Filterfragen lösen.

§ 5 Jede Frage bezieht sich auf nur einen Sachverhalt.

Alle Fragen müssen eindeutig sein, denn mehrdeutige Fragen liefern keine verwertbaren Ergebnisse.

Schlechtes Beispiel: „Wurden Sie von unseren Verkäufern freundlich und qualifiziert bedient?"

Gutes Beispiel: „Ich erlebte die Verkäufer als ☐ höflich ☐ qualifiziert ☐ usw."

§ 6 Jede Frage ist neutral formuliert, sodass der Befragte nicht beeinflusst wird.

Schlechtes Beispiel: „Sind auch Sie der Meinung, dass Zigaretten besser nicht im Supermarkt verkauft werden sollten?" (Suggestivfrage[1])

Gutes Beispiel: „Welcher der folgenden Aussagen würden Sie zustimmen?

☐ Zigaretten sollten weiterhin im Supermarkt verkauft werden.

☐ Zigaretten sollten nicht im Supermarkt verkauft werden."

§ 7 Geschlossene Fragen schließen keine sinnvollen Antworten aus.

Vorgegebene Antwortmöglichkeiten dürfen die befragte Person nicht zwingen, eine unzutreffende Antwort zu geben. Ggf. ist eine Ausweichantwort (z. B. „Sonstiges") oder eine Hybridfrage einzusetzen.

Schlechtes Beispiel: „Mit welchem Verkehrsmittel gelangen Sie zur Arbeit?

☐ Auto ☐ Bahn ☐ Fahrrad ☐ zu Fuß"

Gutes Beispiel: „Mit welchem Verkehrsmittel gelangen Sie zur Arbeit?

☐ Auto ☐ Bahn ☐ Fahrrad ☐ Motorrad ☐ zu Fuß

☐ Ich wohne bei meiner Arbeitsstätte ☐ andere:"

---

1 Suggestivfrage: Frage, die eine bestimmte Antwort besonders nahe legt.

§ 8 Negative und positive Antwortmöglichkeiten bei geschlossenen Fragen sind ausgewogen.

Schlechtes Beispiel: „Wie hat Ihnen dieses Produkt gefallen?

☐ sehr gut ☐ gut ☐ zufriedenstellend ☐ weniger gut“

Gutes Beispiel: „Wie hat Ihnen dieses Produkt gefallen?

☐ sehr gut ☐ gut ☐ zufriedenstellend ☐ weniger gut

☐ überhaupt nicht“

§ 9 „Zustimmungsfragen“ sind zu vermeiden.

Hintergrund ist das Problem, dass befragte Personen mit geringem Selbstbewusstsein dazu neigen, einer Aussage – unabhängig von deren Inhalt – zuzustimmen. Man geht davon aus, dass diese grundsätzliche „Zustimmungstendenz“ eine Strategie vieler Menschen ist, Konflikten aus dem Wege zu gehen.

Schlechtes Beispiel: „Nehmen Sie zu folgender Aussage Stellung: Alkohol sollte im Supermarkt verkauft werden.

☐ stimme zu ☐ stimme nicht zu“

Gutes Beispiel: „Welcher der folgenden Aussagen würden Sie zustimmen?

☐ Alkohol sollte im Supermarkt verkauft werden.

☐ Alkohol sollte nicht im Supermarkt verkauft werden.“

§ 10 Fragen sollten sich nicht auf Handlungsabsichten beziehen.

Antworten auf Fragen nach Handlungsabsichten („Werden Sie dieses oder jenes tun?“) sagen wenig darüber aus, wie die befragten Personen tatsächlich handeln werden, da sich diese häufig durch persönliche Wunsch- oder Wertvorstellungen selbst täuschen. Die Fragen sollten sich daher auf überprüfbare Fakten beziehen.

Schlechtes Beispiel: „Würden Sie zukünftig umweltfreundliche Reinigungsmittel kaufen?“

Gutes Beispiel: „Welche Reinigungsmittel setzen Sie zurzeit ein?“

§ 11 Dem Befragten darf nicht vermittelt werden, seine Meinung sei sozial unerwünscht.

Hintergrund ist das Problem, dass Befragte nicht ehrlich antworten, wenn sie glauben, dass ihre Antwort vom Interviewer oder Auftraggeber missbilligt wird. Gerade Personen mit geringem Selbstbewusstsein passen ihre Antworten den vermuteten Antworterwartungen des Interviewenden an („soziale Erwünschtheit“). In solchen Fällen werden typischerweise indirekte Fragen eingesetzt.

Schlechtes Beispiel: „Essen Sie bei McDonald's?“

Gutes Beispiel: „Warum, glauben Sie, ist McDonald's so erfolgreich?“

§ 12 Demografische Fragen werden am Schluss gestellt.

Die meisten befragten Personen beantworten demografische Fragen (Fragen zu Alter, Wohnort, Beruf, Einkommen usw.) nicht gern – insbesondere dann nicht, wenn sie das Thema des Fragebogens nicht kennen. Werden demografische Fragen zu Beginn eines Interviews gestellt, so kann das zum Abbruch des Interviews oder zur bewusst unwahren Beantwortung von Fragen führen.

3 Festlegen des Auswahlverfahrens

Nun muss die Careli GmbH entscheiden, welche Personen befragt werden sollen, um ein möglichst repräsentatives Ergebnis zu erhalten. Dazu ist ein entsprechendes Auswahlverfahren festzulegen.

ARBEITSAUFTRÄGE

1. Verständigen Sie sich mit dem Auftraggeber auf die Anzahl der zu befragenden Personen.

   Anzahl der zu befragenden Personen: ____________

2. Prüfen Sie, ob eine Vollerhebung infrage kommt und begründen Sie Ihre Meinung.

   ____

   ____

   ____

   ____

3. Sie sollen für diese Befragung eine Teilerhebung durchführen. Entscheiden Sie sich für ein konkretes Verfahren und begründen Sie Ihre Meinung.

   ____

   ____

   ____

   ____

   ____

   ____

   ____

Infotext: Auswahlverfahren[1]

Repräsentativität

Marktforschungsmaßnahmen müssen repräsentativ, also auf die Allgemeinheit übertragbar sein. Wird beispielsweise eine Befragung zur Zufriedenheit mit den politischen Parteien durchgeführt, so ist das Ergebnis nicht repräsentativ, wenn ausschließlich Arbeitslose befragt werden. Entsprechend müssen bei der Auswahl der zu befragenden Personen möglichst repräsentative Verfahren angewandt werden. Die vielfach im Fernsehen gezeigten Befragungen beliebig ausgewählter Passanten auf der Straße („Sandra Schmidt") werden diesem Anspruch nicht gerecht. Im Folgenden werden repräsentative Auswahlverfahren vorgestellt:

Vollerhebung

Eine Vollerhebung liegt vor, wenn alle Elemente einer betrachteten Grundgesamtheit befragt werden. Dabei umfasst die Grundgesamtheit alle Menschen, über die etwas herausgefunden werden soll (z. B. alle Schüler einer Schule zur Schulcafeteria). Die größte und bekannteste Vollerhebung ist die „Volkszählung", bei der jeder Haushalt in Deutschland bzw. Europa befragt wird. Die Vollerhebung ist für die Marktforschungspraxis in den meisten Fällen zu aufwendig.

Teilerhebung

Bei der Teilerhebung wird aus der Grundgesamtheit lediglich eine kleine, möglichst repräsentative „Stichprobe" (Sample) gezogen, die ein realistisches Abbild der Grundgesamtheit sein soll. Sie gilt dann als repräsentativ, wenn sie bei der Verteilung der zu erforschenden Merkmale der Grundgesamtheit entspricht. Folgende Arten der Teilerhebung sind zu unterscheiden:

- **Zufallsauswahl:** Das Verfahren ist so angelegt, dass der Zufall darüber entscheidet, ob ein Element in eine Stichprobe aufgenommen wird. Dabei muss jedes Element der Grundgesamtheit eine berechenbare Chance haben, in die Stichprobe aufgenommen zu werden:
  - **Einfache Zufallsauswahl:** Jedes Element der Grundgesamtheit wird unmittelbar aus der Grundgesamtheit gezogen. Dabei haben alle Elemente die gleiche Chance, in die Stichprobe zu gelangen. Beispiele sind das Urnenprinzip (Lottozahlen), Zufallszahlentabellen, Schlussziffernverfahren (z. B. von Postleitzahlen oder Telefonnummern), Buchstabenauswahl (z. B. Anfangsbuchstabe des Nachnamens).
  - **Geschichtete Zufallsauswahl:** Die Grundgesamtheit wird zunächst in mehrere homogene Untergruppen (Schichten) aufgeteilt, von denen anschließend per Zufallsauswahl gewählt wird. Dieses Verfahren bietet sich an, wenn sich eine heterogene Grundgesamtheit aus homogenen Teilgruppen (z. B. Einkommensgruppen, Altersgruppen, Unternehmensgrößen) zusammensetzt.
  - **Klumpenauswahl:** Aus der Grundgesamtheit werden per Zufallsauswahl natürlich vorliegende Gruppen von Elementen („Klumpen", z. B. Betriebe, Planquadrate eines Stadtteils) ausgewählt, innerhalb derer anschließend eine Vollerhebung durchgeführt wird. Dabei muss gewährleistet sein, dass diese Klumpen in sich heterogen sind und damit der Grundgesamtheit entsprechen.

- **Bewusste Auswahl:** Statt des Zufalls entscheiden hier die Forscher nach sachlichen Gesichtspunkten darüber, welche Elemente in die Stichprobe aufgenommen werden:
  - **Konzentrationsauswahl:** Die Forscher wählen für die Stichprobe solche Elemente aus, die ihnen mit Blick auf das Marktforschungsziel besonders wichtig erscheinen (z. B. alle DAX-Unternehmen).
  - **Quotenauswahl:** Die Auswahl der Stichprobenelemente wird hinsichtlich der Verteilung relevanter Merkmale (z. B. Alter, Geschlecht) proportional zur Grundgesamtheit vorgenommen. Die ausgewählte Stichprobe spiegelt die Häufigkeitsverteilung der relevanten Merkmale in der Realität wider.

  Beispiel: Es sollen 500 Bürger im Alter von 30 Jahren zu ihren Ernährungsgewohnheiten befragt werden, die Geschlechterquote soll repräsentativ sein. Da das Verhältnis von Frauen zu Männern in Deutschland rund 51 % zu 49 % beträgt, sind 255 Frauen und 245 Männer zu befragen.

[1] vgl. Ludwig Berekoven, Werner Eckert, Peter Ellenrieder: Marktforschung – Methodische Grundlagen und praktische Anwendung, Springer Gabler, Wiesbaden, 10. Auflage 2004, S. 47 ff.

4 Auswerten der Befragungsergebnisse

Nun liegen die ausgefüllten Fragebögen der Konsumentenbefragung vor und können ausgewertet werden. Careli wünscht die Befragungsergebnisse in Form einer Marktforschungsstudie und einer Präsentation für die Marketingabteilung.

ARBEITSAUFTRÄGE

1. Werten Sie die Ergebnisse Ihrer Befragung mithilfe des nachfolgenden Infotextes aus. Gehen Sie dazu Schritt für Schritt vor.

2. Erstellen Sie anschließend die Ergebnispräsentation für den Auftraggeber mit folgender Gliederung:

1 Befragungsanlass und Befragungsziele
2 Fragebogen
3 Auswahlverfahren
4 Befragungsergebnisse
5 Empfehlungen

Bearbeitungshinweise

Zu 1 Befragungsanlass und Befragungsziele:

Nachvollziehbare Angaben dazu, warum die Befragung durchgeführt wurde und was genau mit der Befragung erreicht werden sollte

Zu 2 Fragebogen:

Begründete Erläuterung der Struktur und der einzelnen Fragen des Fragebogens

Zu 3 Auswahlverfahren:

Nachvollziehbare Begründung des Auswahlverfahrens und seiner konkreten Ausgestaltung mit Blick auf die höchstmögliche Repräsentativität

Zu 4 Ergebnisse:

Vorstellen der wichtigsten Diagramme mit nachvollziehbaren und logisch plausiblen Erläuterungen der jeweiligen Hauptaussagen

Zu 5 Empfehlungen:

Ableiten von Empfehlungen für den Auftraggeber aus den Befragungsergebnissen

Infotext: Auswerten der Fragebögen

Schritt 1: Überprüfen der Fragebögen

Zunächst sind die vorliegenden Bögen daraufhin zu überprüfen, ob alle Fragebögen vollständig vorliegen und korrekt ausgefüllt wurden und damit gültig sind.

Schritt 2: Planen der Diagramme

Nun werden die zu erstellenden Diagramme skizziert, um die Fragebögen zielgerichtet auszählen zu können. Dabei können Einzelantworten in Klassen eingeteilt werden (z. B. Altersklassen: „25–29 Jahre“, „30–45 Jahre“ oder „Sonstige“). Prüfen Sie auch, ob Sie Diagramme in ihrer Aussagefähigkeit steigern können, indem Sie Antworten in einen Zusammenhang mit demografischen Daten bringen.

Beispiel: Schulnoten einer Klausur in Abhängigkeit vom Ausbildungsgrad

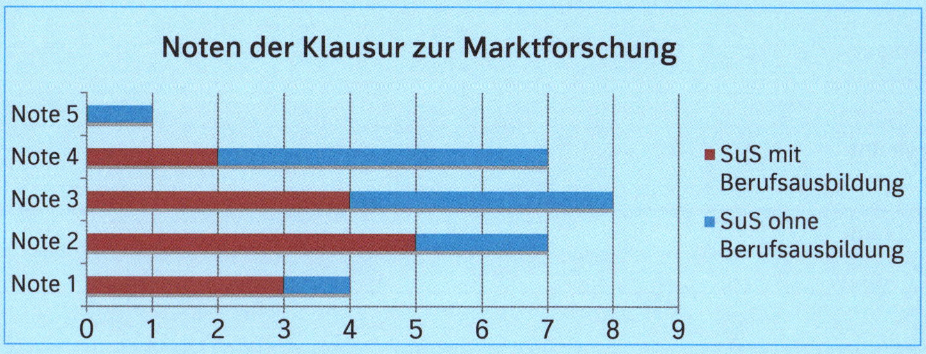

Schritt 3: Kontrolle der geplanten Diagramme

Überprüfen Sie jede Diagrammskizze sorgfältig hinsichtlich:

- **Zielführung:** Trägt das Diagramm zur Erreichung der Befragungsziele bei?
- **Aussagefähigkeit:** Wird die Kernaussage durch das ausgewählte Diagramm deutlich?
- **Plausibilität:** Ist die Aussage logisch plausibel und nachvollziehbar?

Schritt 4: Auszählen der Antworten

Nun kann die eigentliche Auszählung beginnen. Diese kann mit einem Statistikprogramm oder einem Tabellenkalkulationsprogramm vorgenommen werden. Nutzen Sie die „ZÄHLENWENN“-Funktion.

Schritt 5: Erstellen der Diagramme

Erstellen Sie nun die endgültigen Diagramme. Achten Sie dabei besonders auf:

- **Diagrammtitel:** Wird die Kernaussage auf den Punkt gebracht?
- **Achsenbeschriftungen:** Sind die Achsenbeschriftungen und Legenden zutreffend?
- **Lesbarkeit:** Sind alle Beschriftungen lesbar?

Schritt 6: Erläutern der Diagramme

Für jedes Diagramm sind die wichtigsten Kernaussagen in einfachen Worten zusammenzufassen.

Schritt 7: Ableiten von Empfehlungen

Abschließend sind konkrete Empfehlungen für den Auftraggeber abzuleiten. Dabei ist darauf zu achten, dass diese Empfehlungen auch wirklich aus Ihren Befragungsergebnissen gefolgert werden können und dass sie in sich plausibel sind.

5 Analysieren der Wettbewerbsprodukte

Die neue Tasche kann am Markt nur erfolgreich sein, wenn sie aus Sicht der Kunden deutliche Vorteile gegenüber den bereits am Markt befindlichen Produkten der Wettbewerber hat. Aus diesem Grund sollen Stärken und Schwächen der Wettbewerbsprodukte in Form eines Stärken-Schwächen-Profils grafisch dargestellt und analysiert werden.

ARBEITSAUFTRAG

Entwickeln Sie mithilfe des nachfolgenden Infotextes für fünf Ihnen bekannten Schul- und Freizeittaschen jeweils ein Stärken-Schwächen-Profil. Beachten Sie, dass der Preis kein Bewertungskriterium ist.

Produkt:	**Zielgruppe:**				
Wettbewerber (Hersteller)					
Produktname					
Durchschnittspreis im Einzelhandel					
Durchschnittspreis im Internet					
Krit. 1:					
Krit. 2:					
Krit. 3:					
Krit. 4:					
Krit. 5:					
Krit. 6:					
Auffällige Stärken:					
Auffällige Schwächen:					

Bewertungsmatrix

Produkt:	**++**	**+**	**0**	**–**	**– –**
K1:					
K2:					
K3:					
K4:					
K5:					
K6:					

Stärken-Schwächen-Profil

Infotext: Stärken-Schwächen-Profil

Sinn

Eine Stärken-Schwächen-Analyse macht deutlich, wo der Wettbewerber – aber auch das eigene Unternehmen – Stärken und Schwächen hat. Gewöhnlich untersucht man Wettbewerbsprodukte auf Schwächen, um Anhaltspunkte für die Entwicklung besserer Produkte zu bekommen. Ebenso werden auch die eigenen Produkte von den Wettbewerbern ständig analysiert.

Erstellung einer Stärken-Schwächen-Analyse in drei Schritten

Schritt 1 – Erfassen relevanter Bewertungskriterien: Zunächst soll überlegt werden, woraufhin die Produkte bewertet werden sollen. Dazu benennt man für alle Produkte gemeinsam gültige Bewertungskriterien. Tragen Sie in der Tabelle „Bewertungsmatrix“ in der linken Spalte untereinander die aus Ihrer Sicht sechs wichtigsten Bewertungskriterien ein (s. u. Haarshampoo-Beispiel). Der Preis gilt nicht als Bewertungskriterium.

Schritt 2 – Einzelhandels- und Internetrecherche: Recherchieren Sie im Internet und in den Einzelhandelsgeschäften Ihrer Region, welches die aus Ihrer Sicht fünf wichtigsten Wettbewerbsprodukte auf dem Markt sind, und füllen Sie die Kopfzeile der ersten Tabelle entsprechend aus. Sehen Sie sich dort die einzelnen Produkte genau an und bewerten Sie diese nacheinander gemäß der von Ihnen vorgegebenen Kriterien mit folgenden Notensymbolen: + +, +, o, –, – –. Geben Sie getrennt nach Einzelhandel und Internet die betreffenden Preise an.

Produkt: Haarshampoo	Zielgruppe: Frauen ab 30				
Wettbewerber (Hersteller)	Hersteller 1	Hersteller 2	Hersteller 3	Hersteller 4	Hersteller 5
Produktname	Name 1	Name 2	Name 3	Name 4	Name 5
Durchschnittspreis im Laden	2,20 €	2,50 €	3,00 €	1,80 €	2,40 €
Krit. 1: Geruch	++	+	–	+	–
Krit. 2: Konsistenz	+	++	– –	+	– –
Krit. 3: Hautfreundlichkeit	– –	++	+	+	–
Krit. 4: Flaschendesign	+	– –	– –	++	+
Krit. 5: Dosierbarkeit	+	– –	++	+	–
Krit. 6: Handlichkeit	o	– –	++	–	++
auffällige Stärken:		angenehme Schäumung			
auffällige Schwächen:			geringe Haltbarkeit		

Bewertungsmatrix

Schritt 3 – Erstellung des Stärken-Schwächen-Profils (Polaritätsprofil): Nun werden die Bewertungskriterien aus der ersten in die zweite Tabelle übertragen und anschließend für jedes Wettbewerbsprodukt ein eigenes Stärken-Schwächen-Profil in Form einer Linie eingezeichnet. Dabei wird jedes Produkt in einer eigenen Farbe dargestellt. Am Ende müssen fünf farbige Linien (Produktprofile) eingezeichnet sein (siehe Beispiel).

Produkt: Haarshampoo	+ +	+	0	–	– –
K1: Geruch					
K2: Konsistenz					
K3: Hautfreundlichkeit					
K4: Flaschendesign					
K5: Dosierbarkeit					Produkt 2
K6: Handlichkeit			Produkt 1		

Stärken-Schwächen-Analyse

6 Ableiten von Empfehlungen für den Marketing-Mix

Mithilfe der Befragungsergebnisse und der Wettbewerbsanalyse können nun Schlussfolgerungen hinsichtlich Gestaltung und Vermarktung des Produkts („Marketing-Mix") abgeleitet werden.

ARBEITSAUFTRAG

Formulieren Sie in Stichworten die wichtigsten Schlussfolgerungen, die sich aus den Ergebnissen der Marktforschung logisch ableiten lassen:

Schlussfolgerungen aus der Befragung
für die Produktgestaltung
für die Preisgestaltung
für die Auswahl der Vertriebswege (Handelsgeschäfte, Onlineshops)
für die Gestaltung der Werbung

Schlussfolgerungen aus den Stärken-Schwächen-Profilen der Wettbewerbsprodukte

Kompaktwissen

Bereiche der Marktforschung

- **Marktanalyse**
  - Erforschung des Marktes zu einem bestimmten Zeitpunkt
- **Marktbeobachtung**
  - laufende Erforschung des Marktes über einen längeren Zeitraum
- **Marktprognose**
  - Vorhersagen über zukünftige Entwicklungen und Trends

Forschungsgegenstände	
Marktgrößen	Marktpotenzial, Marktvolumen, Marktanteile, Marktwachstum usw.
Konsumenten	Wünsche, Kaufverhalten, Motive, Lebensstil usw.
Wettbewerber	Produktprogramm, Stärken und Schwächen, Preise, Marktanteile usw.
Produkt	Verbesserungsmöglichkeiten beim Handling von Produkt und Produktverpackung usw.
Preis	Reaktion der Nachfrage auf Preisänderungen, Preisdifferenzierungen usw.
Vertriebsweg	Absatz und Umsatz unterschiedlicher Vertriebswege usw.
Werbung	Werbewirkung, Image, Bekanntheitsgrad, Erinnerungstests, Blickverlaufsstudien usw.

Methoden der Informationsbeschaffung

- **Primärforschung**
  Die Forschung wird erstmals durchgeführt („Field Research“).
  - **Befragung**
    - mündlich, schriftlich, online, Panel[1]
  - **Beobachtung**
    - z. B. Einkaufsverhalten im Supermarkt
  - **Experiment**
    - z. B. abweichende Werbung in einer Region
- **Sekundärforschung**
  Es wird auf vorhandene Daten zurückgegriffen („Desk Research“).
  - **interne**
    - Vertriebsstatistiken, Außendienstberichte usw.
  - **externe**
    - z. B. Informationen des Statistischen Bundesamtes oder aus Verbandszeitschriften

Auswahlverfahren

- **Vollerhebung**
  - Erforschung aller Elemente der Grundgesamtheit
- **Teilerhebung (Stichprobe)**
  - Zufallsauswahl
    - einfache Zufallsauswahl
    - geschichtete Zufallsauswahl
    - Klumpenauswahl
  - bewusste Auswahl
    - Konzentrationsauswahl
    - Quotenauswahl

1 Regelmäßige Befragung des Handels oder der Verbraucher zu ihrem Einkaufsverhalten. Dabei werden alle eingekauften Produkte erfasst.

Vertiefungsaufgaben

1. Ordnen Sie die angegebenen Marktforschungsmaßnahmen durch Ankreuzen zu:

Marktforschungsmaßnahme:	Markt-analyse	Markt-beobachtung	Markt-prognose
a) Halbjährlich erstelltes Handelspanel			
b) Angabe des erwarteten Marktwachstums im Folgejahr			
c) Jährlich erstelltes Verbraucherpanel			
d) Kundenbefragung vor einer Produktentwicklung			

2. Ordnen Sie folgenden Fällen eine geeignete Methode der Informationsbeschaffung zu. Ein mittelständischer Hersteller eines Duschgels möchte herausfinden,

a) in welchem Umfang private Haushalte ganz bestimmte Körperpflegeprodukte konsumieren.
b) wie sich die Kunden im Supermarkt vor dem Regal der Duschgels tatsächlich verhalten.
c) wie er sein Duschgel am erfolgreichsten im Regal platziert.
d) wie das Produkt- und das Unternehmensimage bei den Endverbrauchern aussieht.
e) in welchem Umfang Neurodermitis bei Jugendlichen zugenommen hat.
f) ob der Verschluss einer Duschgelflasche tatsächlich verbraucherfreundlich konstruiert wurde.
g) wie sich die Umsätze mit verschiedenen Kunden entwickelt haben.

3. Auf der nächsten Seite finden Sie einen Fragebogen zum Stadtmarketing.

a) Welche Fragetechnik kommt bei den einzelnen Fragen zum Einsatz?
b) Beurteilen Sie den Fragebogen mithilfe der 12 Regeln der Fragebogenerstellung.

4. Benennen und erläutern Sie die Vor- und Nachteile der Durchführung einer Primärforschungsmaßnahme gegenüber einer Sekundärforschungsmaßnahme.

5. Ordnen Sie das zugehörige Auswahlverfahren zu:

a) Im Rahmen einer für Banken durchgeführten Marktforschung werden 75 Dienstleistungsunternehmen, 12 Industrieunternehmen, 7 Handwerksbetriebe sowie 5 Betriebe der Land- bzw. Forstwirtschaft und Fischerei zu Kenntnissen hinsichtlich verschiedener Finanzierungsformen befragt. In diesem Verhältnis (75:12:7:5) liegen diese Betriebe in der Realität vor.

b) Das Marktforschungsunternehmen Demand GmbH ermittelt 500 deutsche Firmen mit dem Anfangsbuchstaben „M“.

c) Siemens möchte sich über die Motivation und Zufriedenheit bei seinen Mitarbeitern in den internationalen Niederlassungen informieren. Dazu werden per Los 20 Niederlassungen ausgewählt, in denen alle Mitarbeiter/-innen einen Fragebogen ausfüllen sollen.

d) Der DIHK befragt alle deutschen Unternehmen zu Erfahrungen rund um die „Duale Berufsbildung“.

e) Die Agentur Klepper & Patzke befragt die 20 umsatzstärksten Industrieunternehmen zum Thema „Benchmarking“.

f) Im Rahmen einer Marktforschung zum Thema „Feuchtigkeitscreme“ befragt das Unternehmen Procter & Gamble 500 Frauen im Alter von 30 bis 60 Jahren.

g) RTL führt zum Thema „Politikverdrossenheit der Deutschen“ am Montagmorgen eine Befragung in der Münchner Innenstadt durch.

h) Die Brauerei Beck führt eine Mitarbeiterbefragung zum Thema „Mitarbeiterzufriedenheit“ bei all den Mitarbeiter/-innen durch, deren Personalnummer mit einer „5“ endet.

6. Nehmen Sie Stellung zu der These: „Marktforschung behindert Innovationen“.

Fragebogen zur Attraktivität der Bremer Innenstadt

1. Haben Sie schon einmal an einer Befragung teilgenommen?
   ☐ Ja ☐ Nein

2. Geschlecht: ☐ weiblich ☐ männlich ☐ divers

3. Wie alt sind Sie? Antwort: ____________________ Jahre

4. Wo wohnen Sie? Antwort: ____________________

5. Kennen Sie die Bremer Innenstadt? ☐ Ja ☐ Nein

6. Wie häufig in der Woche kommen Sie durchschnittlich in die Bremer Innenstadt?
   ☐ weniger als einmal ☐ einmal ☐ zweimal ☐ dreimal ☐ mehr als dreimal

7. Wie stehen Sie zu folgender Aussage: „Das Wichtigste an einer Innenstadt sind für mich die Einkaufsmöglichkeiten."
   ☐ stimme zu ☐ stimme nicht zu ☐ weiß nicht

8. Viele Leute finden die Innenstadt ungemütlich. Wie ist Ihre Meinung?
   ☐ Ich finde die Innenstadt ungemütlich. ☐ Ich finde die Innenstadt gemütlich. ☐ keine Meinung

9. Herr Rot und Frau Blau unterhalten sich. Herr Rot: „Jede Innenstadt braucht Großkaufhäuser, das verlangen die Leute. Sonst braucht man ja Ewigkeiten, um alles eingekauft zu haben." Frau Blau: „Großkaufhäuser sind nicht gut für die Atmosphäre einer Innenstadt. Die Bürger wollen eine gemütliche und schöne Innenstadt, in der sie sich wohlfühlen."
   Wem würden Sie zustimmen? ☐ Herrn Rot ☐ Frau Blau

10. Wie kommen Sie schnell und günstig in die Bremer Innenstadt?
    ☐ Auto ☐ Bus ☐ Bahn ☐ Motorrad ☐ Fahrrad ☐ zu Fuß
    ☐ andere: ____________________

11. Wie beurteilen Sie die Parkplatzsituation der Bremer Innenstadt?
    ____

12. Nehmen Sie Stellung zu folgender Aussage: „Ich wäre viel öfter in der Bremer Innenstadt, wenn es dort mehr schöne Gebäude und Grünflächen gäbe." (Kreuzen Sie bitte an).
    Stimme voll zu ☐ ☐ ☐ ☐ ☐ ☐ ☐ ☐ ☐ *Stimme nicht zu*

13. Bitte ergänzen Sie: „Für meinen Geschmack müsste in der Bremer Innenstadt ____________________
    ____
    ____"

Vielen Dank für das Interview.

E Produkt- und Programmpolitik

Praxisfall „Careli GmbH"

1 Entwickeln eines Produktkonzepts

Auf Grundlage der Marktforschungsergebnisse ist nun ein aussagefähiges Produktkonzept für die neue Schul- und Freizeittasche zu entwickeln. Das Konzept muss vom Geschäftsführer genehmigt werden und dient anschließend den Produktentwicklern als verbindliche Vorgabe.

ARBEITSAUFTRAG

Entwickeln Sie ein überzeugendes Produktkonzept für die neue Schul- und Freizeittasche mit folgendem Aufbau:

1 Anforderungen an das Produkt
1.1 Anforderungen aus Sicht der Kunden
1.2 Anforderungen aus Wettbewerbsgesichtspunkten
1.3 Anforderungen aus dem USP der Careli-Produkte
2 Entwurf Produktdesign (aussagefähige Zeichnungen)
3 Produktbeschreibung
4 Modellbezeichnung
5 Verpackung

Anlagen
- Ergebnisse der Befragung (relevante Diagramme mit Interpretation)
- Stärken-Schwächen-Profile der Wettbewerbsprodukte
- Brainstormingprotokoll und morphologische Methode
- Ausgefüllte Bögen der 6-3-5-Methode

Zu 1 Anforderungen:

1.1 leitet sich aus den Ergebnissen der Befragung ab
1.2 leitet sich aus den Stärken-Schwächen-Profilen der Wettbewerbsprodukte (Seite 52) ab
1.3 leitet sich aus dem USP der Careli-Produkte (siehe Seiten 7, 34) ab

Zu 2 Entwurf Produktdesign:

Bevor Sie anfangen, Entwürfe des neuen Produktdesigns zu zeichnen, führen Sie mithilfe des nachfolgenden Infotextes „Kreativitätstechniken" ein Brainstorming und die morphologische Methode durch.
Protokollieren Sie Ihre Ergebnisse und fügen Sie diese dem Konzept als Anlagen bei.

Zu 3 Produktbeschreibung:

Beschreiben Sie nachvollziehbar sämtliche Vorzüge Ihres neuen Taschenmodells.

Zu 4 Modellbezeichnung:

Jedes Modell benötigt zur eindeutigen Identifizierung einen geeigneten Namen. Dieser sollte

- mit positiven Assoziationen verbunden,
- leicht auszusprechen,
- gut einprägsam und
- unverwechselbar sein.

Entwickeln Sie vor diesem Hintergrund eine neue Modellbezeichnung mithilfe der 6-3-5-Methode, die ebenfalls im anschließenden Infotext erklärt wird. Die ausgefüllten 6-3-5-Bögen legen Sie als Anlagen dem Konzept bei.

Infotext: Kreativitätstechniken (Beispiele)

Brainstorming
Beschreibung Das Brainstorming (engl.: Gehirnsturm) ist eine einfache Kreativitätstechnik zur Ideenfindung. Dabei sollen die Teilnehmer/-innen ihre Gedanken frei sprudeln lassen und nicht darüber nachdenken, ob sie vernünftig sind. Gesucht sind möglichst viele und unterschiedliche Impulse und Assoziationen. Teamgröße: 5 bis 15 Personen, Dauer: 15 bis 30 Minuten, Zeitpunkt: morgens.
Ablauf • Zu Beginn werden die Regeln bekanntgegeben und die Protokollführung geklärt. • Anschließend wird das Ausgangsproblem bzw. die Aufgabenstellung klar umrissen. • Alle Teilnehmer/-innen teilen spontan ihre Gedanken, Ideen, Lösungsansätze mit. • Alle Beiträge werden protokolliert.
Regeln 1. Der Fantasie ist freier Lauf zu lassen: Viele und ausgefallene Ideen sind gewünscht. 2. Kritik ist nicht erlaubt: Bewertungen und Kommentare zu Beiträgen sind untersagt. 3. Aufgreifen und Abändern bereits geäußerter Ideen ist ausdrücklich erwünscht.

Morphologische Methode
Beschreibung Die morphologische Methode (morphologischer Kasten, Eigenschaftsliste) ist eine Kreativitätstechnik zur Neu- oder auch Weiterentwicklung von Produkten. Dazu werden die Merkmale (Dimensionen, Attribute) des Produkts untereinander aufgelistet und für jedes Merkmal unterschiedliche Ausprägungen (Varianten) durchgespielt. Teamgröße: maximal 7 Personen, Dauer: 2 Stunden.
Regeln 1. Die Merkmale müssen streng voneinander unabhängig sein. 2. Kein Vorschlag darf bewertet, kritisiert, kommentiert oder gar ausgeschlossen werden.

Beispiel: Entwicklung eines neuartigen Marmeladenglases

Morphologischer Kasten

Merkmal	Ausprägungen				
Form Korpus	viereckig	sechseckig	zylindrisch	kugelförmig	oval
Material Korpus	Glas	Kunststoff	Blech	Holz	Stein
Oberfläche Korpus	glatt	matt	gewellt	gezackt	rau
Beschriftung Korpus	Aufkleber	Banderole	Deckeleinlage	Gravur	QR-Code
Material Deckel	Blech	Kunststoff	Aluminium	Tuch	Holz
Farbe Deckel	natur	rot-weiß	weiß	schwarz	golden

6-3-5-Methode

Beschreibung

Die 6-3-5-Methode ist eine Kreativitätstechnik und gehört zur Familie der Brainwriting-Techniken, die das Ziel verfolgen, ungestört eine Vielzahl von Ideen zu entwickeln. Der Name ist Programm: 6 Teilnehmer/-innen schreiben 3 Ideen innerhalb von 5 Minuten auf. Die Methode liefert im Idealfall exakt 108 Ideen (6 Bögen x 3 Ideen x 6 Zeilen). Teamgröße: 6 Personen, Dauer: 30 Minuten.

Ablauf

- 6 Teilnehmer/-innen setzen sich mit einem leeren 6-3-5-Formular im Kreis um einen Tisch.
- Etappe 1: Jeder schreibt in die erste Zeile drei Ideen und gibt nach 5 Minuten sein Blatt an seinen Nachbarn im Uhrzeigersinn weiter.
- Etappe 2: Alle lesen die 3 Beiträge ihrer Vorgänger/-innen und lassen sich dadurch zu drei neuen Einfällen inspirieren, welche sie in der Zeile darunter eintragen. Nach 5 Minuten geben auch sie ihr 6-3-5-Formular im Uhrzeigersinn weiter.
- Etappe 3: usw.

Beispiel: Entwickeln eines Produktnamens für eine Diätmargarine

6-3-5-Methode

Etappe	Ideen		
1	Streich fit	Kalorien Stopp	Greif zu
2	Bleib fit	Fett-Stopp	Du darfst
3	...	...	...
4	...	...	...
5	...	...	...
6	...	...	...

Kartenabfrage

Beschreibung

Auch die Kartenabfrage ist eine Brainwriting-Technik, bei der die Einbeziehung aller Teilnehmer/-innen und die Visualisierung der Ideen im Mittelpunkt stehen. Dabei können die Ideen gewichtet und geordnet (geclustert) werden. Teamgröße: maximal 20 Personen, Dauer: ca. 30 Minuten.

Ablauf

- Klären der Dauer und der Frage, ob die Auswertung anonym erfolgen soll.
- Die zu klärende Ausgangsfrage wird visualisiert und erklärt.
- Alle Teilnehmer/-innen füllen die Karten aus (Dauer: abhängig vom Thema).
- Alle Karten werden eingesammelt und ungeordnet an eine Pinnwand gepinnt.
- Gemeinsam werden inhaltlich zusammengehörige Karten zu Gruppen zusammengefasst (geclustert) und die Cluster mit einer gemeinsamen Überschrift versehen.
- Alle Karten werden gemeinsam besprochen.

Regeln

1. Die Karten werden mit gut lesbaren Filzstiften beschrieben.
2. Jede Karte erfasst nur einen Aspekt (möglichst nur ein Stichwort).
3. Die Teilnehmer/-innen dürfen so viele Karten ausfüllen, wie sie wollen.
4. Während der Beschriftung der Karten darf nicht gesprochen werden.

2 Gestalten eines Prototyps

Bevor das neue Produkt tatsächlich in Serie hergestellt werden kann, wird ein plastischer Prototyp („Dummy“) angefertigt. In der Automobilindustrie beispielsweise wird das geplante Auto zunächst aus einem leicht formbaren Kunststoff modelliert und anschließend lackiert wie ein echtes Auto. Damit können sich verantwortliche Entscheidungsträger im Marketing ein besseres Bild von dem neuen Produkt machen.

ARBEITSAUFTRAG

Gestalten Sie nun ein plastisches Modell auf Grundlage des vorliegenden Produktkonzepts. Versuchen Sie dabei auch, die in den Entwürfen vorgesehene Innengestaltung umzusetzen.
Als Materialien bieten sich an:

- Klebmaterialien: Plastikfolie, Papier, Zeichenkarton
- Nähmaterialien: Leder, Kunststoff, textile Stoffe

Fotografieren Sie anschließend Ihren Dummy und kleben Sie das Foto hier ein:

3 Markieren des Produkts

Im Hause Careli gibt es eine Auseinandersetzung über die zukünftige Markenstrategie: Der neue Geschäftsführer denkt auch mit Blick auf eine geplante internationale Vermarktung darüber nach, die Produkte langfristig nicht mehr unter der Herstellermarke „Careli“ zu vermarkten, sondern möglicherweise die einzelnen Produkte oder ganze Produktfamilien als eigene Marken zu führen. Das könne die Vermarktung der einzelnen Produktgruppen erleichtern. Außerdem habe in den letzten Wochen eine große Warenhauskette Interesse an einer Vermarktung der Careli-Produkte unter einer eigenen Handelsmarke geäußert.

Da zu dieser Frage bei Careli sehr unterschiedliche Auffassungen bestehen, soll darüber auf höchster Ebene (Geschäftsführung und Marketingleitung) in einer Besprechung diskutiert werden. Der Leiter der Marketingabteilung, Dr. Hanisch, möchte aber vermeiden, dass die Besprechung ohne Grundlage geführt wird, und verlangt ein ausführliches Gutachten, in dem alle Pro- und Kontra-Argumente für die möglichen Markenstrategien aufgeführt werden und ein begründetes Fazit abgeleitet wird.

ARBEITSAUFTRAG

Verfassen Sie im Folgenden ein solches Gutachten für Careli. Überlegen Sie dazu mithilfe des nachfolgenden Infotextes die jeweiligen Pro- und Kontra-Argumente zu den folgenden Markenstrategien:

- Produktmarke als Herstellermarke
- Familienmarke als Herstellermarke
- Dachmarke als Herstellermarke
- Handelsmarke (soll nicht differenziert werden)

Ziehen Sie anschließend ein begründetes Fazit. Achten Sie auf eine nachvollziehbare Argumentation und auf eine übersichtliche Textstruktur. Notieren Sie hier Ihre Vorüberlegungen:

Infotext: Markierung (Branding)

Markenbegriff

Kaufmännische Definition: „Marken sind Vorstellungsbilder in den Köpfen der Anspruchsgruppen, die eine Identifikations- und Differenzierungsfunktion übernehmen und das Wahlverhalten prägen.“[1]

Juristische Definition: „Als Marke können alle Zeichen, insbesondere Wörter einschließlich Personennamen, Abbildungen, Buchstaben, Zahlen, Hörzeichen, dreidimensionale Gestaltungen einschließlich der Form einer Ware oder ihrer Verpackung sowie sonstige Aufmachungen einschließlich Farben und Farbzusammenstellungen geschützt werden, die geeignet sind, Waren oder Dienstleistungen eines Unternehmens von denjenigen anderer Unternehmen zu unterscheiden.“[2]

Markenzeichen

Bedeutung

Eine Marke soll einem Produkt oder einer Dienstleistung ein klares und unverwechselbares Vorstellungsbild („Markenimage“) verleihen, welches sich fest in den Köpfen der Konsumenten verankert und ein tiefes Vertrauen in eine gleichbleibende Produktqualität aufbaut.

Beispiel: Kein Tourist hat Bedenken, in einem Dorf im marokkanischen Hinterland eine ungeprüfte braune Flüssigkeit zu trinken, die aus einer Flasche stammt, auf der (in bekannter Farbe und Form) „Coca-Cola“ steht.

Erfolgreiche Marken werden von den Kunden aktiv nachgefragt und erlauben es vielen Unternehmen, höhere Preise durchzusetzen. Beispielsweise ist Markenware im Lebensmittelhandel oftmals um die Hälfte teurer als Nachahmungsprodukte. Darüber hinaus lässt sich ein positives Markenimage auf weitere Produkte übertragen. Aus diesen Gründen ist eine erfolgreiche Marke für das Unternehmen von hohem Wert. Ein amerikanischer Unternehmer sagte einmal dazu, dass ein Großbrand im Zentrallager einem Unternehmen kaum schaden könne, so lange die Marke in den Köpfen der Kunden sei.

Markierung und Markenstrategien

Das Vergeben einer Marke wird als „Markieren“ („Branding“) bezeichnet. Grundsätzlich lassen sich folgende Markenstrategien unterscheiden:

Markenstrategien		
	als Herstellermarke	**als Handelsmarke**
Produktmarke	Der Hersteller vergibt die Marke für ein einzelnes Produkt und bleibt selbst im Hintergrund **Beispiel:** Persil (von Henkel)	Der Händler vergibt die Marke für ein einzelnes Produkt und bleibt selbst im Hintergrund. **Beispiel:** Tandil (von Aldi)
Familienmarke	Der Hersteller vergibt die Marke an eine Produktfamilie und bleibt selbst im Hintergrund. **Beispiel:** Nivea (von Beiersdorf)	Der Händler vergibt die Marke an eine Produktfamilie und bleibt selbst im Hintergrund. **Beispiel:** Sun Ozon (von Rossmann)
Dachmarke	Der Hersteller vermarktet jedes Produkt unter einer gemeinsamen Dachmarke. **Beispiel:** BMW	Der Händler vermarktet jedes Produkt unter einer gemeinsamen Dachmarke. **Beispiel:** Ja! (von REWE)

1 Franz Rudolf Esch, Andreas Herrmann, Henrik Sattler: Marketing. Eine managementorientierte Einführung, Vahlen, München, 4. Auflage 2013, S. 200

2 § 3 (Als Marke schutzfähige Zeichen), Abs. 1, Markengesetz (MarkenG)

4 Aktualisieren des Produktprogramms

Die Careli GmbH hat die neue Tasche als erstes Produkt der neuen Produktlinie „young-line" in ihr Produktprogramm aufgenommen. Entsprechend muss das Produktprogramm nun aktualisiert werden.

ARBEITSAUFTRÄGE

Bearbeiten Sie untenstehende Aufgaben mithilfe des nachfolgenden Infotextes.

1. Stellen Sie unter Berücksichtigung der Artikelliste auf Seite 8 die Breite und Tiefe des Produktprogramms der Careli GmbH grafisch dar.

2. Erläutern Sie anhand Ihrer Grafik die Begriffe Programmbreite und Programmtiefe.

3. Welche programmpolitische Entscheidung hat die Careli GmbH mit Aufnahme der neuen Schul- und Freizeittasche getroffen?

4. Beurteilen Sie das Produktprogramm der Careli GmbH aus strategischer Sicht und leiten Sie begründete Vorschläge zur langfristigen Programmgestaltung ab. Berücksichtigen Sie dabei die Ergebnisse Ihrer strategischen Analysen (Kapitel B).

Infotext: Programm- und Sortimentspolitik

Grundlagen

Die Gesamtheit der Produkte eines Herstellers wird als Programm bezeichnet, beim Handelsbetrieb spricht man dagegen von einem Sortiment. Programm- bzw. sortimentspolitische Entscheidungen beziehen sich nicht auf einzelne Produkte, sondern auf Umfang und Struktur des gesamten Produktprogramms bzw. -sortiments des Unternehmens. Solche Entscheidungen können operativer wie auch strategischer Natur sein.

Kern- und Randprogramm/-sortiment

Die Gesamtheit der Hauptprodukte eines Anbieters bezeichnet man als Kernprogramm bzw. Kernsortiment. Die Gesamtheit der Produkte, welche eine sinnvolle Ergänzung der Hauptprodukte darstellen, nennt man Randprogramm bzw. Randsortiment.

Beispiel: Das Kernsortiment eines Fahrradhändlers besteht aus Fahrrädern, das Randsortiment umfasst Fahrradhelme, Fahrradschlösser, Ventile, Regenponchos usw.

Breite und Tiefe des Produktprogramms

- **Programmbreite (horizontal):** Die Breite des Produktprogramms wird durch die Anzahl der unterschiedlichen Produktlinien (Produktgruppen) bestimmt.
- **Programmtiefe (vertikal):** Die Tiefe des Produktprogramms wird durch die Anzahl der unterschiedlichen Produktausführungen (Modelle, Artikel, Sorten) innerhalb der Produktlinien bestimmt.

Beispiel: Produktprogramm eines Fahrradherstellers

Programmtiefe	Produktlinie 1 Standardfahrräder	Produktlinie 2 Rennräder	Produktlinie 3 Trekkingbikes	Produktlinie 4 Mountainbikes	Produktlinie 5 Hollandräder
	Modell 1	Modell 1	Modell 1	Modell 1	Modell 1
	Modell 2	Modell 2	Modell 2	Modell 2	Modell 2
	Modell 3	Modell 3	Modell 3	Modell 3	Modell 3
	Modell 4	Modell 4	Modell 4		Modell 4
	Modell 5		Modell 5		
	Modell 6				

Programmbreite

Programmpolitische Entscheidungen

Das Marketingmanagement muss bei der Programm- bzw. Sortimentsgestaltung einerseits die Kundenwünsche und andererseits die betriebliche Kostensituation berücksichtigen. Man unterscheidet:

Programmerweiterung: Aufnahme neuer Produkte bzw. Produktlinien

- **horizontale Programmerweiterung:** Aufnahme neuer Produktlinien, das Produktprogramm wird breiter (im Beispiel: Aufnahme von E-Bikes).
- **vertikale Programmerweiterung:** Aufnahme zusätzlicher Modelle, das Programm wird tiefer (im Beispiel: Aufnahme eines neuen Mountainbike-Modells)

Programmbereinigung: Entfernung bestehender Produkte bzw. Produktlinien

- **horizontale Programmbereinigung:** Entfernung von Produktlinien, das Produktprogramm wird schmaler (im Beispiel: Entfernung der Produktlinie „Hollandräder“).
- **vertikale Programmbereinigung:** Entfernung von Produktmodellen, das Programm wird flacher (im Beispiel: Entfernung eines Trekkingbike-Modells).

Kompaktwissen

Grundbegriffe

Produkt
- materielle Produkte (z. B. Handys)
- Dienstleistungen (z. B. Lebensversicherungen)
- Personen (z. B. Popstars)
- Regionen (z. B. Skigebiete)

Programm

Gesamtheit der Produkte eines Herstellers

Sortiment

Gesamtheit der Produkte eines Handelsbetriebs

Produktpolitische Grundsatzentscheidungen

Entscheidung	Beschreibung	Phase im Produktlebenszyklus
Produktinnovation	Das Unternehmen bringt ein neues Produkt auf den Markt. Man unterscheidet Marktneuheiten (völlig neuartige Produkte) und Unternehmensneuheiten („Me-too-Innovationen").	**Einführungsphase**
Produkt-differenzierung	Ein bestehendes Produkt wird um zusätzliche Produktvarianten ergänzt, sodass der Kunde zwischen unterschiedlichen Produkt-ausführungen wählen kann.	**Reife- bzw. Sättigungsphase**
Produktvariation	Ein bereits am Markt eingeführtes Produkt wird abgeändert („Relaunch", „Facelifting"), die Anzahl der angebotenen Produkte bleibt unverändert.	**Reife- bzw. Sättigungsphase**
Produkt-eliminierung	Das Produkt wird aus dem Produktprogramm bzw. Sortiment entfernt („eliminiert").	**Degenerationsphase**

Produktpolitische Detailentscheidungen

Produktgestaltung
- Funktion
- Qualität
- Design
- Umweltverträglichkeit

Verpackungsgestaltung
- Werbeträgerfunktion
- Verbrauchserleichterung
- Einheitsverkaufsmenge
- Transportschutz

Markierung[1]
- Produktmarke
- Familienmarke
- Dachmarke

Servicepolitik
- Kundendienst
- Lieferleistungen
- Garantieleistungen
- Zusatzleistungen

Programm-/Sortimentspolitische Entscheidungen

Programmerweiterung
- horizontal: Das Programm wird breiter.
- vertikal: Das Programm wird tiefer.

Programmbereinigung
- horizontal: Das Programm wird schmaler.
- vertikal: Das Programm wird flacher.

1 Markenentscheidungen können auch dem strategischen Marketing zugeordnet werden („Markenstrategien").

Vertiefungsaufgaben

1. Benennen Sie folgende produktpolitische Grundsatzentscheidungen und ordnen Sie diese einer Phase des Produktlebenszyklus zu:

	Produktpolitische Maßnahme	Phase im Produktlebenszyklus
a) Ein Motorradhersteller stellt die Produktion eines nicht mehr verkäuflichen Modells ein.		
b) Ein Hersteller von Haushaltsartikeln bietet eine bewährte Kaffeemaschine fortan mit neuartigem Design an.		
c) Ein Pkw-Hersteller stattet sein Coupé zukünftig auch mit Ledersitzen aus.		
d) Ein Getriebehersteller bringt ein neuartiges Automatikgetriebe auf den Markt.		

2. Nennen Sie für jede der folgenden sechs Kombinationsmöglichkeiten ein Beispiel:

	Herstellermarke	Handelsmarke
Produktmarke		
Familienmarke		
Dachmarke		

3. Welche Vorteile hat eine erfolgreiche Marke für ein Unternehmen?

____

____

____

4. Vergleichen Sie die Sortimente folgender Handelsgeschäfte hinsichtlich Breite und Tiefe und kreuzen Sie entsprechend an:

Einzelhändler	Sortimentsbreite		Sortimentstiefe	
	breit	schmal	flach	tief
Kaufhaus				
Tankstellen-Store				
Uhrenfachgeschäft				

5. Finden Sie für jede der vier Funktionen von Produktverpackungen ein Beispiel.

6. Diskutieren Sie folgende These: „Da sich das Marketing bei der Produktentwicklung an der Befriedigung von Kundenbedürfnissen orientiert, leistet es einen wichtigen Beitrag zur Zufriedenheit unserer Gesellschaft.“

F Preis- und Konditionenpolitik

Praxisfall „Careli GmbH“

1 Analysieren der Nachfrage

Im Rahmen einer Befragung von 2.000 Schülern und Studenten (1.000 weibliche, 1.000 männliche) wurde die Frage gestellt: „Wie viel wären Sie bereit, für eine hochwertige und attraktiv gestaltete Schul- und Freizeittasche zu bezahlen?“ Folgende Ergebnisse liegen vor:

Preis in €	120,00	110,00	100,00	90,00	80,00	70,00	60,00	50,00	40,00	30,00	20,00	10,00
weibliche Befragte	0	50	100	150	200	250	300	350	400	450	500	550
männliche Befragte	0	0	0	0	100	200	300	400	500	600	700	800

ARBEITSAUFTRÄGE

1. Zeichnen Sie die zugehörigen Nachfragekurven.
2. Wie groß wäre die jeweilige Nachfrage bei einem Taschenpreis von

	junge Frauen	**junge Männer**
105,00 €		
85,00 €		
60,00 €		
25,00 €		

3. Vergleichen und interpretieren Sie das Nachfrageverhalten von jungen Frauen und Männern. Wie unterscheidet sich die Preisempfindlichkeit beider Nachfragekurven?
4. Um herauszufinden, wie der Absatz und der Umsatz auf die Änderung von Taschenpreisen reagieren, soll einmal von einem Marktpreis von 30,00 € und einmal von einem Marktpreis von 70,00 € ausgegangen und eine Preisänderung von jeweils 10,00 € untersucht werden. Aus Gründen der Vereinfachung werden in dieser Aufgabe einheitliche Marktpreise unterstellt.

a) Zielgruppe junge Frauen:

Preisänderung von ... (€)	**Preisänderung in %**	**Absatzänderung in Stück**	**Absatzänderung in %**	**Elastizität**	**Umsatzänderung (€)**
30,00 auf 40,00					
30,00 auf 20,00					
70,00 auf 80,00					
70,00 auf 60,00					

b) Zielgruppe junge Männer:

Preisänderung von ... (€)	**Preisänderung in %**	**Absatzänderung in Stück**	**Absatzänderung in %**	**Elastizität**	**Umsatzänderung (€)**
30,00 auf 40,00					
30,00 auf 20,00					
70,00 auf 80,00					
70,00 auf 60,00					

c) Interpretieren Sie die Ergebnisse.

Infotext: Die Nachfrage

Einordnung

Das Marketing hat im Rahmen der Preispolitik vor allem die Aufgabe, die Preise der eigenen Produkte zu bestimmen. Dabei wird grundsätzlich auf drei Orientierungsgrößen zurückgegriffen:

- **Kunden:** Welchen Preis sind die Kunden (Nachfrager) bereit für das Produkt zu bezahlen?
- **Kosten:** Wie hoch sind die Kosten, die das Produkt verursacht?
- **Konkurrenz:** Welchen Preis verlangen die Wettbewerber?

Im Folgenden soll ausschließlich die Orientierungsgröße „Kunde“ – genauer: das Nachfrageverhalten der Kunden – in Abhängigkeit vom Preis untersucht werden. Dabei stellt sich nicht nur die Frage, wie viel die Kunden für ein Produkt bereit sind zu zahlen, sondern auch, wie empfindlich sie auf Preisänderungen reagieren und was das für den Umsatz bedeutet.

Nachfragegesetz

Der Zusammenhang zwischen dem Preis eines Produkts und der nachgefragten Menge dieses Produktes ist Gegenstand der klassischen Preistheorie der Volkswirtschaft und wurde schon vor rund 200 Jahren untersucht. Das Ergebnis, das bis heute Gültigkeit hat, ist nicht überraschend und wird im sogenannten Nachfragegesetz zusammengefasst. Es lautet: *„Je höher der Preis, desto geringer die Nachfrage.“* Alternativ: *„Je geringer der Preis, desto höher die Nachfrage.“*

Das Nachfragegesetz wird durch die „Nachfragekurve“ ausgedrückt: Dabei handelt es sich im einfachsten Fall um eine linear fallende Funktion, welche die Preisachse in Punkt a (Prohibitivpreis, den keiner mehr zu zahlen bereit ist) und die Mengenachse im Punkt s (Sättigungsmenge) schneidet. Abhängig davon, wie hoch der Preis des betrachteten Produkts ist, lässt sich die nachgefragte Menge auf der Mengenachse ablesen. Die Nachfragemenge ist hier die abhängige und der Preis die unabhängige Variable.

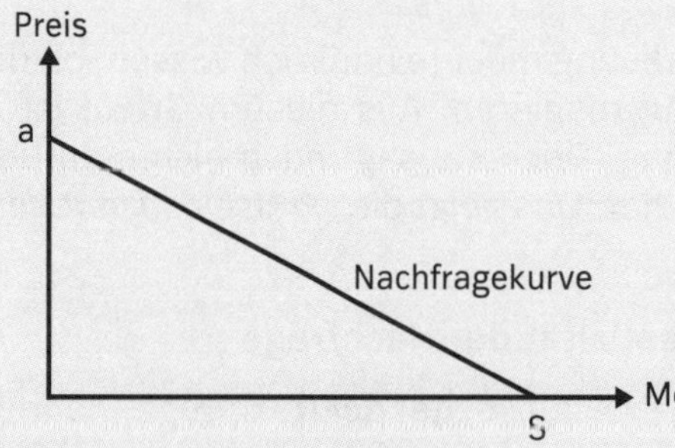

Um den Zusammenhang zwischen Preis und Nachfragemenge besser untersuchen zu können und nicht „Äpfel mit Birnen“ vergleichen zu müssen, haben die Preistheoretiker beim Nachfragegesetz das **Modell des vollkommenen Marktes** unterstellt. Hier gilt:

- **Homogenität der Güter:** Betrachtet wird die Nachfrage nach einem homogenen (gleichartigen) Gut, Vorlieben der Kunden für bestimmte Marken oder Händler bleiben unberücksichtigt.
- **vollständige Markttransparenz:** Die Nachfrager haben die vollständige Marktübersicht.
- **unendlich hohe Reaktionsgeschwindigkeit:** Alle Nachfrager reagieren sofort auf Preisänderungen.

Aktienmärkte, Rohstoffmärkte und Devisenmärkte sind nahezu vollkommene Märkte. Aber auch viele Gütermärkte nähern sich durch die Möglichkeiten des Internets dem theoretischen Modell des vollkommenen Marktes mehr und mehr an.

Ausnahmen

- **Snob-Effekt:** Snobs interessieren sich nur für exklusive Güter, um sich mit diesen von der breiten Masse abzuheben. Somit kaufen sie Güter oft erst ab einem bestimmten Preis.
- **Giffen-Effekt:** Haushalte mit geringem Einkommen fragen ein Gut vermehrt nach, wenn sein Preis steigt. Giffen fand bereits im 19. Jahrhundert heraus, dass Haushalte in Londoner Armenvierteln bei steigenden Brotpreisen mehr Brot nachfragten. Der Grund lag darin, dass diese Haushalte wegen des gestiegenen Brotpreises zunehmend auf Fleisch und Fisch verzichten mussten und mit dem eingesparten Geld nun noch mehr Brot einkauften.

Preisempfindlichkeit der Nachfrage

Jede Marketingabteilung kennt das Nachfragegesetz, doch es sagt nichts darüber aus, wie empfindlich die Nachfrage auf Preisänderungen des jeweiligen Produkts reagiert. Diese „Preisempfindlichkeit der Nachfrage" wird durch die Steigung der Nachfragekurve ausgedrückt:

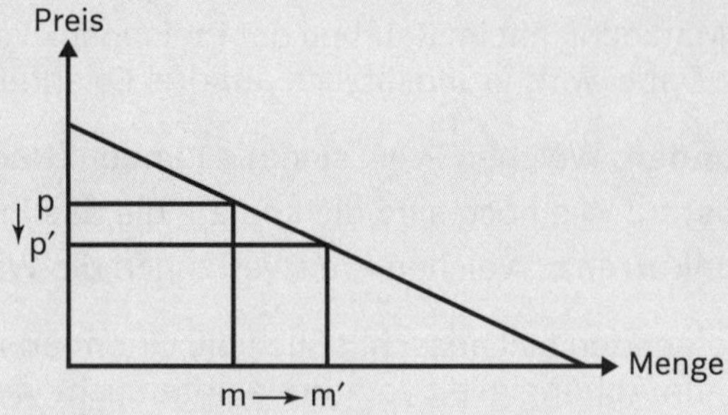

Ist die Nachfragekurve **flach,** führt eine bestimmte Preisveränderung zu einer überproportional großen Nachfrageänderung am Markt, die Nachfrage reagiert also „empfindlich" auf eine Preisänderung. Das gilt in aller Regel bei Luxusgütern (z. B. Zweitwagen oder Urlaubsreisen) für Normalverbraucher. Flache Nachfragekurven werden auch als *elastisch* bezeichnet.

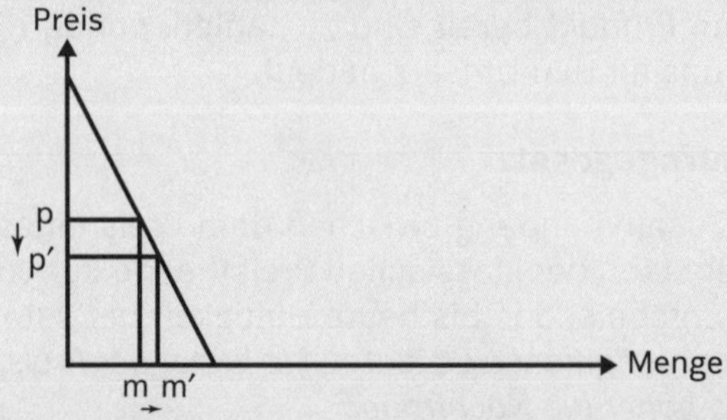

Ist die Nachfragekurve hingegen **steil,** führt dieselbe Preisveränderung nur zu einer sehr geringen Nachfrageänderung am Markt, die Nachfrage reagiert also „unempfindlich" auf eine Preisänderung. Das gilt in aller Regel bei Gütern des täglichen Bedarfs (z. B. Benzin oder Salz) für Normalverbraucher. Steile Nachfragekurven werden auch als *unelastisch* bezeichnet.

Das Marketing möchte natürlich wissen, ob die Nachfrager eher empfindlich oder unempfindlich auf eine Preisänderung reagieren. Aus diesem Grund ist die Steigung der Nachfragekurve für das Marketing von großer Bedeutung. Doch sie sagt noch nichts darüber aus, welche Auswirkung eine Preisänderung letztlich auf den Umsatz hat. Das zeigt die *„Preiselastizität der Nachfrage"* (im engeren Sinne), welche im Folgenden vorgestellt wird.

Preiselastizität der Nachfrage

Bei der „Preiselastizität der Nachfrage" handelt es sich um eine Kennzahl, welche Auskunft über die Auswirkung einer Preisänderung auf den Umsatz gibt. Sie ist folgendermaßen definiert:[1]

$$\text{Preiselastizität der Nachfrage } e = \frac{\text{prozentuale Mengenänderung}}{\text{prozentuale Preisänderung}} \cdot (-1)$$

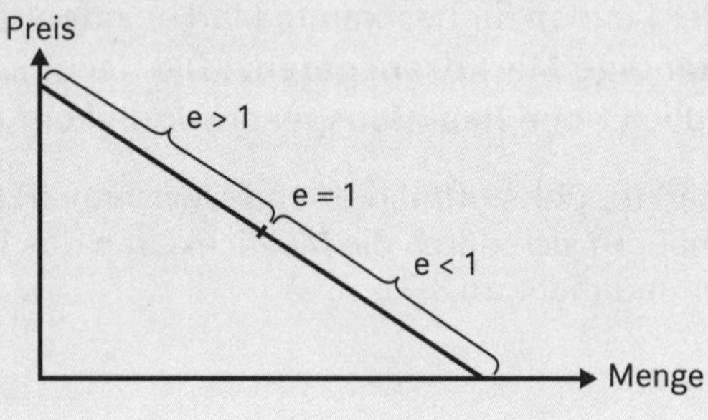

Grundsätzlich gilt: Auf jeder linear fallenden Nachfragekurve gibt es drei Elastizitätsbereiche – unabhängig davon, welche Steigung die Kurve hat:

- elastischer Bereich (e > 1)
- neutraler Bereich (e = 1)
- unelastischer Bereich (e < 1)

Der obere Bereich der Kurve ist stets elastisch, der untere Bereich ist stets unelastisch, dazwischen ist die Kurve neutral.

1 Die Multiplikation mit –1 sorgt dafür, dass das Ergebnis stets ein positiver Wert ist (gewünscht).

Mithilfe dieser Preiselastizität lässt sich ganz allgemein für Preisänderungen vorhersagen:

	e > 1	e = 1	e < 1
Preiserhöhung	Umsatz sinkt	Umsatz bleibt konstant	Umsatz steigt
Preissenkung	Umsatz steigt	Umsatz bleibt konstant	Umsatz sinkt

Beispiel: Führt die Preissenkung einer Kamera von 100,00 € auf 95,00 € (–5 %) dazu, dass die Nachfragemenge von 1.000 Stück auf 1.100 Stück (+10 %) ansteigt, so beträgt die Elastizität „2“, diese Preissenkung würde zu einer Umsatzsteigerung (von 100.000,00 € auf 104.000,00 €) führen.

Die Elastizität im engeren Sinne bezieht sich also auf einen bestimmten Bereich auf der Kurve, unabhängig davon, ob sie flach (elastisch) oder steil (unelastisch) ist. Mit anderen Worten: Auch elastische (flache) Kurven haben einen unelastischen Bereich (unten) und auch unelastische (steile) Kurven haben einen elastischen Bereich (oben).

Nachfrage auf unvollkommenen Märkten

Bei den vorangehenden Überlegungen wurde das theoretische Modell des „vollkommenen Marktes“ unterstellt. In der Realität sind aber viele Märkte unvollkommen: So haben viele Nachfrager sehr wohl bestimmte Präferenzen (Vorlieben) für bestimmte Marken oder Händler, kennen die Preise der Wettbewerber nicht und reagieren sehr langsam auf Preisänderungen.

Beispiel: Viele Nachfrager auf dem Markt für Mobiltelefone legen Wert darauf, ein iPhone von Apple zu besitzen, und sind bereit, mehr für diese Marke zu bezahlen als für Wettbewerbsprodukte.

Betrachtet man auf einem unvollkommenen Markt die Nachfrage aus Sicht eines Anbieters, so findet man oftmals eine doppelt geknickte Preis-Absatz-Funktion vor: Diese hat im Hochpreisbereich den ganz normalen Verlauf. Ab einer bestimmten Preisschwelle wird sie steiler (unelastischer), bis eine untere Preisschwelle erreicht ist, danach verläuft sie wieder wie zuvor. Das lässt sich folgendermaßen erklären:

Bei extrem hohen und extrem geringen Preisen gilt auch hier das Nachfragegesetz. Dazwischen verläuft die Kurve deswegen so steil (unelastisch), weil einige Nachfrager genau diese Marke haben wollen und auch bereit sind, viel dafür zu bezahlen. Der Anbieter kann also innerhalb einer bestimmten Toleranz den Preis anheben, ohne in nennenswertem Ausmaß Kunden an die Wettbewerber zu verlieren. Da das sonst nur in Monopolen möglich ist, wird dieser Kurvenabschnitt als „monopolistischer Bereich“ bezeichnet

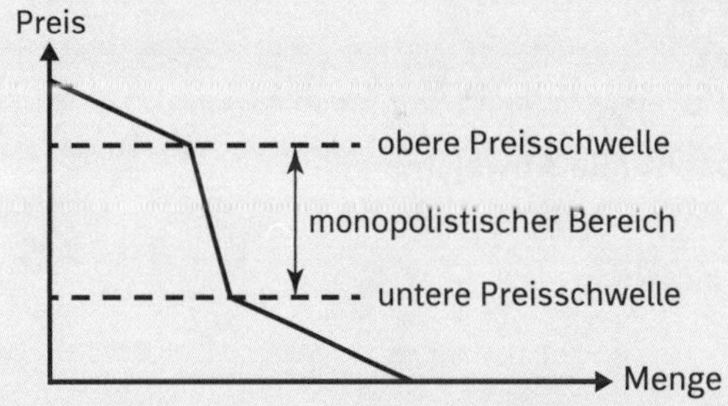

Aus diesem Grunde versuchen viele Anbieter, durch hohe Qualität und/oder ein bestimmtes Image Kundenpräferenzen für sich und ihre Produkte aufzubauen. Die damit verbundene Chance auf höhere Umsätze bezeichnet man als *akquisitorisches Potenzial*. Auf diese Weise können sich die Unternehmen einem Preiswettbewerb entziehen und höhere Preise am Markt durchsetzen.

2 Analysieren der Konkurrenzpreise

In einem zweiten Schritt sollen die Preise der Konkurrenz analysiert werden, damit die Careli GmbH sich mit realistischen Preisen am Markt positionieren kann. Zu diesem Zweck sind auf dem Markt für Schul- und Freizeittaschen die relevanten Konkurrenzprodukte zu identifizieren und deren Preise auf den durchschnittlichen Marktpreis und eine prozentuale Abweichung hin zu untersuchen.

ARBEITSAUFTRAG

Recherchieren Sie die Preise relevanter Wettbewerbsprodukte in Fachgeschäften und im Internet.

Analyse der Konkurrenzpreise			
Nr.	**Marke**	**Durchschnittlicher Ladenpreis**	**Durchschnittlicher Onlineshop-Preis**
1			
2			
3			
4			
5			
6			
7			
8			
9			
10			
Durchschnittlicher Marktpreis:			
Prozentuale Abweichung:		**100 %**	

3 Präsentieren einer Preisstrategie

In einer bevorstehenden Abteilungsbesprechung der Abteilung Marketing soll der Endverbraucherpreis der neuen Schul- und Freizeittasche bestimmt werden. Der Abteilungsleiter Dr. Hanisch erwartet dazu eine überzeugende Präsentation.

ARBEITSAUFTRAG

Erstellen Sie für die Leitung der Marketingabteilung eine kurze Überzeugungspräsentation, in der Sie einen konkreten Endverbraucherpreis herleiten und begründen. Arbeiten Sie dazu mithilfe des nachfolgenden Infotextes Antworten auf die unten aufgeführten Leitfragen heraus und begründen Sie jeweils Ihre Meinung. Die Kosten sollen an dieser Stelle noch unberücksichtigt bleiben. Um die Leitung der Marketingabteilung zu überzeugen, sollte Ihre Präsentation gut nachvollziehbar und plausibel sowie möglichst bildhaft gestaltet sein.

Die Nachfrage

- Wer ist Ihre Zielgruppe?
- Wie schätzen Sie das Nachfrageverhalten Ihrer Zielgruppe ein? Berücksichtigen Sie dazu Ihre Erkenntnisse zu den Nachfragekurven junger Männer und Frauen.

Der Wettbewerb

- Welche Wettbewerbsprodukte würden Sie als wichtigste Konkurrenzprodukte einstufen?
- Wie sind diese Wettbewerbsprodukte preislich positioniert?

Die Preisstrategie

- Wie hoch sollte der Preis langfristig festgelegt werden?
- Sollte Careli aus Ihrer Sicht Preisabfolgestrategien einsetzen?
- Wie könnten Preisdifferenzierungsstrategien aussehen und welche Risiken sehen Sie dabei?
- Welche psychologischen Preisstrategien schlagen Sie vor?
- Wie sähe also aus Ihrer Sicht der konkrete Endverbraucherpreis aus?
- Wie kann der Einzelhandel motiviert werden, genau diesen Preis zu verlangen und nicht davon abzuweichen?

Infotext: Preisstrategien

Festpreisstrategien

Der Preis wird langfristig auf einem bestimmten Niveau festgelegt:

- **Marktpreisstrategie (Durchschnittspreisstrategie):** Das Unternehmen bietet sein Produkt zu einem langfristig durchschnittlichen und damit „unauffälligen" Preis an. Dieser Preis wird von der Mehrzahl der Anbieter verlangt.

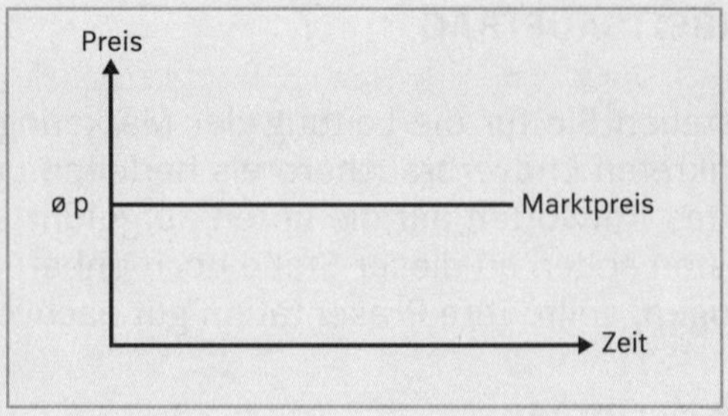

- **Hochpreisstrategie (Premiumpreisstrategie):** Das Unternehmen versucht, mithilfe einer beliebten Marke, einer hohen Produktqualität oder eines erfolgreichen Images einen dauerhaft überdurchschnittlich hohen Preis am Markt zu erzielen. Das Unternehmen geht davon aus, dass seine Kunden diesen Preis akzeptieren.

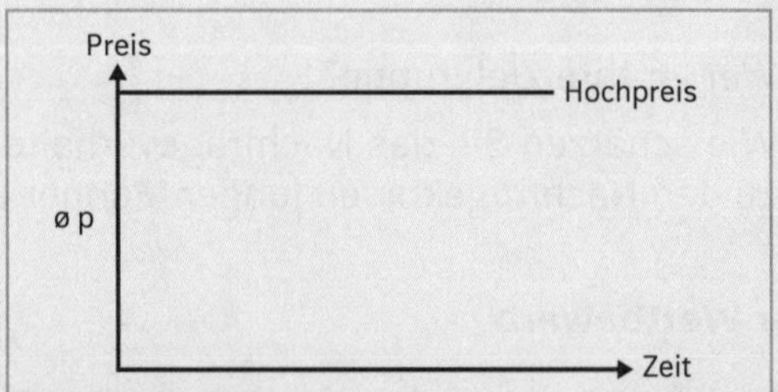

- **Niedrigpreisstrategie (Promotionspreisstrategie):** Dieser Preis liegt dauerhaft unterhalb des Durchschnittspreises und wird von den Kunden als besonders preiswert wahrgenommen. Entsprechende Kundenschichten fragen das Produkt in großer Zahl nach.

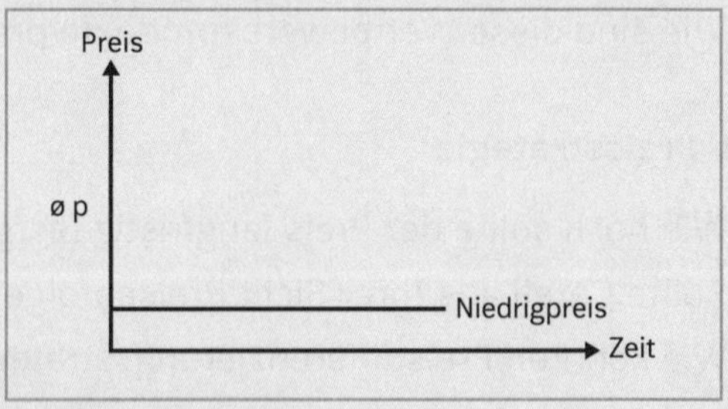

Preisabfolgestrategien

Der Preis wird im Zeitablauf gesenkt oder angehoben:

- **Abschöpfungspreisstrategie (Skimmingstrategie):** Bei dieser Strategie wird der Preis in der Einführungs- und ggf. Wachstumsphase im Produktlebenszyklus sehr hoch angesetzt und nach und nach gesenkt. Die Abschöpfungspreisstrategie wird oftmals dann eingesetzt, wenn das Unternehmen einen Vorsprung vor den Wettbewerbern hat und damit eine vorübergehende Monopolstellung am Markt genießt. In dem Maße, in dem die Wettbewerber das Unternehmen einholen, wird der Preis auf das langfristige Niveau gesenkt.

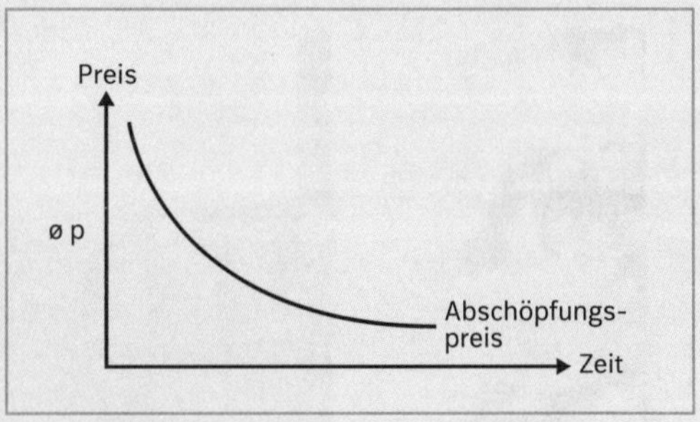

- **Penetrationspreisstrategie:** Gegenteil der Abschöpfungsstrategie: Üblicherweise wird diese Strategie eingesetzt, wenn das Unternehmen ein Produkt einführt, welches bereits am Markt erhältlich ist. Das Unternehmen bietet das Produkt zunächst zu einem sehr niedrigen Preis an. Hat es dann einen bestimmten Verbreitungsgrad erreicht, wird der Preis nach und nach auf das langfristige Niveau angehoben.

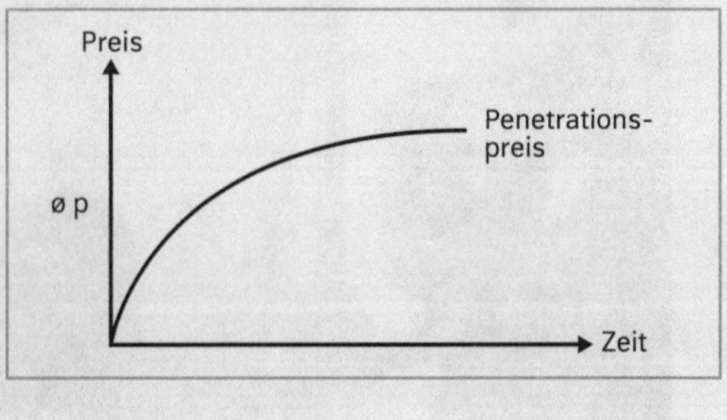

Preisdifferenzierungsstrategien

Preisdifferenzierungsstrategien dienen dem Zweck, durch unterschiedliche Preise für ein- und dasselbe Produkt den Gesamtumsatz zu erhöhen. Man unterscheidet:

- **Räumliche Preisdifferenzierung:** Der Preis ist abhängig von der Region bzw. Nation.
  Beispiel: unterschiedliche Pkw-Preise eines Herstellers in verschiedenen EU-Ländern
- **Zeitliche Preisdifferenzierung:** Der Preis ist abhängig vom Zeitraum des Angebots.
  Beispiele: Saisonabschläge für Frühbucher, unterschiedliche Telefontarife zu verschiedenen Tageszeiten
- **Kundenspezifische Preisdifferenzierung:** Der Preis ist abhängig vom Kundensegment.
  Beispiel: Gewerbliche Unternehmen zahlen geringere Strompreise als Endverbraucher.
- **Vertriebswegbezogene Preisdifferenzierung:** Der Preis ist abhängig vom Vertriebsweg.
  Beispiel: Preisunterschiede für Schuhe in Handelsgeschäften und in Onlineshops

Dynamic Pricing

Dynamic Pricing (automatische Preiskalkulation) ist eine Online-Preisstrategie, bei der die Preise im Internet softwaregesteuert automatisch und in Echtzeit angepasst werden können. Die Preisanpassung orientiert sich an räumlichen, zeitlichen oder kundenspezifischen Preisdifferenzierungen (siehe oben) oder auch an anderen Faktoren (z. B. Einkaufspreise, Preise der Wettbewerber, Nachfrageelastizität). Typische Einsatzbereiche sind der Online-Handel, Sportevents oder Touristikdienstleistungen (z. B. Flüge, Hotelzimmer).

Psychologische Preisstrategien

- **Psychologische Preisschwellen:** Der Anbieter versucht, mit seinen Preisen unterhalb „runder“ Preise zu bleiben (29,95 € erscheint deutlich preiswerter als 30,00 €).
- **Abfallende Zahlenreihen:** Kunden nehmen abfallende Zahlenreihen (z. B. 16.520,00 €) als günstiger wahr als aufsteigende Zahlenreihen (z. B. 16.489,00 €).
- **Multipack-Preise:** Viele Anbieter verwirren die Kunden, indem sie Produkte in Paketen (Familienpackung, 10er-Pack usw.) zu vermeintlich günstigen Preisen anbieten. So konnte in einem Experiment gezeigt werden, dass Kunden das Gefühl haben, erheblich günstiger einzukaufen, wenn sie für 3 Dosen eines Getränks 1,17 € zahlen, statt für eine Dose für 0,39 € aufzuwenden.

Preisdurchsetzungsstrategien

Der Hersteller plant im Rahmen der Preispolitik bestimmte Preise für seine Produkte, welche sorgfältig abgestimmt sind, mit seinen anderen absatzpolitischen Instrumenten. In vielen Fällen aber interessiert sich der Einzelhändler nicht für die Preisstrategie des Herstellers, sondern versucht, seinem benachbarten Konkurrenzgeschäft durch Sonderangebote Kunden abzuziehen. Um den Handel dazu zu bringen, die vom Hersteller gewünschten Preise gegenüber dem Endverbraucher zu verlangen, hat dies er zwei Möglichkeiten:

- **Vertikale Preisbindung („Preisbindung der zweiten Hand“):** Der Hersteller verpflichtet den Handel vertraglich, einen bestimmten Endverbraucherpreis zu verlangen. In Deutschland sind solche Verträge grundsätzlich nichtig, davon ausgenommen sind Verlagserzeugnisse.
- **Unverbindliche Preisempfehlung (UVP):** Der Hersteller versucht, durch eine unverbindliche Preisempfehlung gegenüber dem Handel (Handelspreisempfehlung) oder dem Endverbraucher (Verbraucherpreisempfehlung) weiterhin einen gewissen Einfluss auf die Preisgestaltung bis zum Endverbraucher zu nehmen. Die UVP ist in Deutschland für Markenwaren erlaubt, unterliegt jedoch der ständigen „Missbrauchsaufsicht“ durch das Bundeskartellamt.

4 Kalkulieren des Verkaufspreises auf Vollkostenbasis

Die Careli GmbH darf sich bei der Preisbestimmung nicht nur an den Kunden und an der Konkurrenz orientieren, sondern muss auch die anfallenden Kosten berücksichtigen. Aus diesem Grunde soll nun mithilfe einer Zuschlagskalkulation der Listenverkaufspreis kalkuliert werden, zu dem Careli die Tasche an den Großhandel verkauft. Dieser ist nicht mit dem Endverbraucherpreis zu verwechseln, den die Konsumenten bezahlen.

ARBEITSAUFTRÄGE

1. Kalkulieren Sie mithilfe des nachfolgenden Infotextes die Kosten und den Listenverkaufspreis (LVP) für die neue Tasche. Pro Stück fallen 6,70 € für Fertigungsmaterial und 12,50 € für Fertigungslöhne an.

Zuschlagskalkulation			
	Zuschlagssatz	**Position**	**€**
		Fertigungsmaterial	
+	10 %	Materialgemeinkosten	
=		**Materialkosten**	
		Fertigungslöhne	
+	90 %	Fertigungsgemeinkosten	
=		**Fertigungskosten**	
=		**Herstellkosten**	
+	12 %	Verwaltungsgemeinkosten	
+	5 %	Vertriebsgemeinkosten	
=		**Selbstkosten**	
+	15 %	Gewinn	
=		**Barverkaufspreis**	
+	2 %	Kundenskonto	
=		**Zielverkaufspreis**	
+	20 %	Kundenrabatt	
		Listenverkaufspreis	

2. Der deutsche Handel ist bereit, 40.000 Taschen für einen Listenverkaufspreis von maximal 50,00 € zu den angegebenen Konditionen abzunehmen.

a) Ermitteln Sie den Barverkaufspreis für diesen Fall.

b) Ermitteln Sie den Stück- und den Gesamtgewinn, der in diesem Fall erwirtschaftet würde.

c) Bestimmen Sie die langfristige Preisuntergrenze und begründen Sie Ihre Entscheidung.

Infotext: Zuschlagskalkulation

Einordnung

Mithilfe der Zuschlagskalkulation wird der Listenverkaufspreis (LVP) eines Produktes kalkuliert. Diese berücksichtigt sämtliche Kosten, die mit der Herstellung und Vermarktung des Produktes verbunden sind, daher handelt es sich um eine „Vollkostenrechnung“. Zusätzlich werden ein Gewinnzuschlag sowie mögliche Preisermäßigungen (Rabatte, Skonti) einkalkuliert.

Kostenarten

- **Einzelkosten** sind die Kosten, die dem Produkt auf Grundlage von Entwurfs- und Konstruktionszeichnungen, Stücklisten sowie Erfahrungswerten direkt zugeordnet werden können, also das Fertigungsmaterial und die Fertigungslöhne (z. B. Blech und Montagelöhne beim Auto).
- **Gemeinkosten** sind die Kosten, die für die Produktion unterschiedlicher Produkte gemeinsam anfallen und damit dem einzelnen Produkt nicht direkt zugeordnet werden können (z. B. Gebäudemiete, Verwaltungsgehälter). Sie werden den Einzel- bzw. Herstellkosten mit einem prozentualen Zuschlagssatz hinzugerechnet. Dieser Zuschlagssatz wird in der Abteilung „Kostenrechnung/Controlling“ ermittelt.

Aufbau der Zuschlagskalkulation

Zuschlagskalkulation				
	Zuschlags-Satz	Position	€	Hinweise
		Fertigungsmaterial	100,00	Roh- und Hilfsstoffe
+	10 %	Materialgemeinkosten	10,00	z. B. Lagermiete, Gehälter im Einkauf
=		**Materialkosten**	**110,00**	Summe beider Positionen
		Fertigungslöhne	50,00	Löhne, die in der Produktion anfallen
+	80 %	Fertigungsgemeinkosten	40,00	z. B. Abschreibungen in der Produktion
=		**Fertigungskosten**	**90,00**	Summe beider Positionen
=		**Herstellkosten**	**200,00**	Summe aus Material- und Fertigungskosten
+	8 %	Verwaltungsgemeinkosten	16,00	z. B. Gehälter in der Verwaltung
+	6 %	Vertriebsgemeinkosten	12,00	z. B. Abschreibungen für Dienstwagen
=		**Selbstkosten**	**228,00**	sämtliche Kosten des Produkts
+	12 %	Gewinn	27,36	Gewinn, den der Unternehmer verlangt
=		**Barverkaufspreis**	**255,36**	Summe aus Selbstkosten und Gewinn
+	3 %	Kundenskonto	7,90	Berechnung „im Hundert“ (siehe unten)
=		**Zielverkaufspreis**	**263,26**	Preis, von dem Skontoabzug möglich ist
+	25 %	Kundenrabatt	87,75	Berechnung „im Hundert“ (siehe unten)
		Listenverkaufspreis	**351,01**	Endpreis, von dem Abzüge möglich sind

Berechnungshinweis

Der Kundenskonto wird dem Kunden als prozentualer Anteil vom Zielverkaufspreis gewährt. Dieser ist aber noch unbekannt. Da aber bekannt ist, dass der Barverkaufspreis (97 %) und der Kundenskonto (3 %) zusammen die 100 % Zielverkaufspreis ergeben, lässt sich der Skontobetrag über einen einfachen Dreisatz lösen: (255,36 : 97) · 3. Dieses Berechnungsverfahren („im Hundert“) wird ebenso bei der Ermittlung des Listenverkaufspreises angewandt: (263,26 : 75) · 25.

Langfristige Preisuntergrenze

Die langfristige Preisuntergrenze entspricht den Selbstkosten. Zu diesem Preis könnte das Unternehmen das Produkt langfristig anbieten und sämtliche Kosten decken – allerdings ohne einen Gewinn zu erwirtschaften.

5 Kalkulieren des Verkaufspreises auf Teilkostenbasis

Careli beliefert den deutschen Handel mit der vereinbarten Menge. Darüber hinaus ist eine spanische Handelskette bereit, weitere 5.000 Taschen für einen Nettoverkaufspreis (= Barverkaufspreis) in Höhe von 35,00 € abzunehmen. Die Careli GmbH verfügt noch über freie Maschinenkapazitäten für die Produktion von 12.000 Taschen im laufenden Geschäftsjahr, die variablen Stückkosten je Tasche belaufen sich auf 20,92 €.

ARBEITSAUFTRÄGE

1. Prüfen Sie mithilfe Ihrer Zuschlagskalkulation im vorangehenden Abschnitt, ob dieser Auftrag aus Sicht der Vollkostenrechnung angenommen werden sollte, und begründen Sie Ihre Meinung.

Bearbeiten Sie die weiteren Arbeitsaufträge mithilfe des nachfolgenden Infotextes.

2. Ermitteln Sie den Stückdeckungsbeitrag (db) in Euro und erläutern Sie Ihr Ergebnis.

3. Ermitteln Sie den Stückdeckungsbeitrag (db) in Prozent und erläutern Sie Ihr Ergebnis.

4. Ermitteln Sie den Gesamtdeckungsbeitrag in Euro sowie die Auswirkung auf das Betriebsergebnis für den Fall, dass die Careli GmbH dieses Angebot annimmt, und erläutern Sie Ihr Ergebnis.

5. Leiten Sie eine begründete Empfehlung für die Careli GmbH ab und erläutern Sie mögliche Abweichungen gegenüber den Schlussfolgerungen aus der Vollkostenrechnung.

6. Zusätzlich können weitere 6.000 Taschen an einen lettischen Importeur verkauft werden, allerdings nur zu einem Nettoverkaufspreis in Höhe von 29,00 €.

a) Ermitteln Sie den damit verbundenen Stück- und Gesamtdeckungsbeitrag in Euro und Prozent.

b) Sollte dieser Auftrag angenommen werden? Begründen Sie Ihre Meinung.

c) Wie wäre der Fall zu beurteilen, wenn der lettische Kunde auf die Abnahme von 10.000 Stück bestanden hätte? Begründen Sie Ihre Meinung.

7. Wie hoch ist die kurzfristige Preisuntergrenze für die Tasche? Begründen Sie Ihre Meinung.

8. Überprüfen Sie mithilfe Ihrer Zuschlagskalkulation aus dem vorangehenden Abschnitt, ob die Höhe der variablen Stückkosten (20,92 €) korrekt ermittelt wurde. Gehen Sie davon aus, dass bei der Careli GmbH 90 % der Gemeinkosten fixe Kosten sind.

Infotext: Teilkostenrechnung (Deckungsbeitragsrechnung)

Warum eine Teilkostenrechnung?

Die Listenverkaufspreise, die mithilfe der Zuschlagskalkulation im Rahmen der Vollkostenrechnung ermittelt werden, sind „Wunschpreise“ des Unternehmens. Doch diese sind im harten Wettbewerb am Markt nicht immer durchsetzbar, denn die Konkurrenzangebote sind oftmals günstiger. Mithilfe der Teilkostenrechnung (Deckungsbeitragsrechnung) lässt sich aber zeigen, dass sich die Aufnahme der Produktion kurzfristig selbst dann lohnen kann, wenn der Nettoverkaufspreis (= Barverkaufspreis) unterhalb der Selbstkosten liegt.

Fixe und variable Kosten

Die Teilkostenrechnung zerlegt die betrieblichen Gesamtkosten in fixe und variable Kosten:

- **Fixe Kosten** sind Kosten, die unabhängig von der Produktionsmenge anfallen (z. B. Miete, Abschreibungen). Dabei ist zwischen den gesamten Fixkosten (K_{fix}) und Fixkosten pro Stück (k_{fix}) zu unterscheiden.
- **Variable Kosten** sind Kosten, die abhängig von der Produktionsmenge anfallen (z. B. Fertigungsmaterial, Fertigungslöhne). Dabei ist zwischen den gesamten variablen Kosten (K_{var}) und den variablen Kosten pro Stück (k_{var}) zu unterscheiden.

Deckungsbeitrag

Der Deckungsbeitrag gibt an, in welchem Maße ein Produkt zur Deckung der fixen Kosten beiträgt. Er kann als Gesamtdeckungsbeitrag (DB) oder als Stückdeckungsbeitrag (db) angegeben werden:

Gesamtdeckungsbeitrag = Nettoverkaufserlöse – variable Gesamtkosten

$$DB = E - K_{var}$$

Stückdeckungsbeitrag = Nettoverkaufspreis – variable Stückkosten

$$db = p - k_{var}$$

In der Marketingpraxis wird der Deckungsbeitrag aus Gründen der Vergleichbarkeit unterschiedlicher Produkte oft auch als prozentualer Anteil vom Nettoverkaufspreis (Nettoverkaufserlös) ausgedrückt.

Beispiel: Ein Textilhersteller verlangt für eine Jacke 160,00 € (Nettoverkaufspreis), die variablen Stückkosten betragen 120,00 €. Der Stückdeckungsbeitrag beträgt also 40 € bzw. 25 %.

Produktionsentscheidung

Die Produktion sollte aus Sicht der Kostenrechnung immer dann aufgenommen werden, wenn

- ein positiver Deckungsbeitrag ($db > 0$ bzw. $DB > 0$) zu erwarten ist und
- freie Produktionskapazitäten verfügbar sind und
- die produzierte Menge am Markt tatsächlich absetzbar ist.

Denn: Jeder Euro Deckungsbeitrag trägt zur Deckung der ja ohnehin anfallenden fixen Kosten bei und erhöht damit das Betriebsergebnis.[1] Das gilt aber nur kurzfristig, denn langfristig müssen die Preise so kalkuliert werden, dass alle Fixkosten gedeckt werden.

Kurzfristige Preisuntergrenze (PUG)

Da die Fixkosten auch dann anfallen, wenn nicht produziert wird, darf der Verkaufspreis kurzfristig bis zur Höhe der variablen Stückkosten gesenkt werden:

Kurzfristige Preisuntergrenze (PUG) = variable Stückkosten (k_{var})

1 Das Betriebsergebnis ist der Gewinn bzw. Verlust des betrieblichen Kerngeschäfts einer betrachteten Periode.

Kompaktwissen

Orientierungsgrößen zur Preisbestimmung

- **Kunde**: Was ist der Kunde bereit zu zahlen?
- **Kosten**: Wie hoch sind die Kosten des Produkts?
- **Konkurrenz**: Welchen Preis verlangen die Wettbewerber?

Kostenrechnungssysteme

- **Vollkostenrechnung**
- **Teilkostenrechnung**

	Zuschlagskalkulation
	Fertigungsmaterial
+	Materialgemeinkosten
=	**Materialkosten**
	Fertigungslöhne
+	Fertigungsgemeinkosten
=	**Fertigungskosten**
=	**Herstellkosten**
+	Verwaltungsgemeinkosten
+	Vertriebsgemeinkosten
=	**Selbstkosten**
+	Gewinn
=	**Barverkaufspreis**
+	Kundenskonto
=	**Zielverkaufspreis**
+	Kundenrabatt
=	**Listenverkaufspreis**

Formelkasten	
Nachfragekurve	$N = a - b \cdot x$
Preiselastizität der Nachfrage	$e = \frac{\text{prozentuale Mengenänderung } (\cdot\ -1)}{\text{prozentuale Preisänderung}}$
Erlöse	$E = p \cdot x$
(Gesamt-)Gewinn	$G = E - K = DB - K_{fix}$
(Gesamt-)Kosten	$K = K_{fix} + K_{var} = K_{fix} + k_{var} \cdot x$
(Gesamt-) Deckungsbeitrag	$DB = E - K_{var}$
Stückdeckungsbeitrag	$db = p - k_{var}$
kurzfristige Preisuntergrenze	k_{var}
langfristige Preisuntergrenze	Selbstkosten pro Stück

Preisstrategien	
Preispositionierungsstrategien	
Durchschnittspreispreisstrategie	langfristiger Durchschnittspreis
Hochpreisstrategie	langfristig hoher Preis
Niedrigpreisstrategie	langfristig niedriger Preis
Preiseinführungsstrategien	
Abschöpfungsstrategie	kurzfristig überhöhter Preis (Skimmingstrategie)
Penetrationspreisstrategie	kurzfristig angesetzter Niedrigpreis
Preisdifferenzierungsstrategien	
räumliche	Preise sind abhängig von Region oder Nation.
zeitliche	Preise sind abhängig vom Zeitraum.
kundenspezifische	Preise sind abhängig von der Kundengruppe.
absatzwegbezogene	Preise sind abhängig vom Absatzweg (z. B. Internet).
Psychologische Preisstrategien	
Preisschwellenstrategie	Nichtüberschreitung empfindlicher Preisschwellen
abfallende Zahlenreihenstrategie	Ziffern werden von links nach rechts kleiner.
Multipackstrategie	Vortäuschen von Sonderpreisen bei Großpackungen
Preisdurchsetzungsstrategien	
vertikale Preisbindung	Der Hersteller verpflichtet den Handel zu einem bestimmten Preis.
unverbindliche Preisempfehlung	Der Hersteller macht eine unverbindliche Preisempfehlung bekannt.

Konditionenpolitik

Rabattpolitik	**Lieferungsbedingungen**	**Zahlungsbedingungen**	**Absatzfinanzierung**
Preisermäßigungen (z. B. Mengen-, Treue-, Liefererrabatt)	Liefertermin und -ort, Umtauschbedingungen, Gefahrenübergang, Vertragsstrafen usw.	Zahlungswege und -fristen, Skonto, Sicherheiten	Unterstützung des Kunden bei der Finanzierung (z. B. Konsumentenkredit)

Vertiefungsaufgaben

1. Analysieren Sie die Nachfrage nach amerikanischen Trekkingbikes in Schwäbisch Hall.

a) Stellen Sie in einem ersten Schritt die Nachfragekurve grafisch dar:

Preis in €	1.000	900	800	700	600	500	400	300	200	100
Nachfrage	0	5	10	15	20	25	30	35	40	45

b) Untersuchen Sie folgende Nachfrageeffekte bei Änderungen dieser Marktpreise. Annahme: Es gibt nur einen Anbieter am Ort.

Preisänderung von ... (€)	**Preisänderung in %**	**Absatzänderung in Stück**	**Absatzänderung in %**	**Elastizität**	**Umsatzänderung (€)**
200,00 auf 300,00					
200,00 auf 100,00					
800,00 auf 900,00					
800,00 auf 700,00					

c) Welche Schlussfolgerungen können die Anbieter von Trekkingbikes aus Schwäbisch Hall ziehen?

2. Nennen Sie Beispiele zu Preisstrategien aus Ihrer Erfahrung.

3. Die Trelle KG aus Berlin produziert neuartige Elektromotoren für Teleskopantennen. Laut AGB beträgt der Kundenrabatt 25 % und der Kundenskonto 3 %. Ermitteln Sie mithilfe der nachfolgenden Angaben die Listenverkaufspreise.

	Elektromotor Typ A	**Elektromotor Typ B**
Fertigungsmaterial/Stück	**24,00 €**	**33,00 €**
Fertigungslöhne/Stück	**6,00 €**	**7,00 €**
Materialgemeinkosten	**15 %**	**18 %**
Fertigungsgemeinkosten	**75 %**	**105 %**
Verwaltungsgemeinkosten	**30 %**	
Vertriebsgemeinkosten	**15 %**	
Gewinnzuschlag	**12 %**	

4. Die Haller GmbH hat sich auf die Produktion eines Steuermoduls für Windkraftanlagen spezialisiert, der Nettoverkaufspreis pro Stück beträgt 490,00 €. Die monatliche Produktionskapazität konnte auf 600 Stück gesteigert werden und ist am Markt vollständig absetzbar. Die variablen Stückkosten belaufen sich auf 350,00 € und die monatlichen Fixkosten betragen 28.200,00 €. Ermitteln Sie

a) den Stückdeckungsbeitrag in Euro und Prozent,

b) den monatlichen Gesamtdeckungsbeitrag,

c) den monatlichen Gewinn,

d) die kurzfristige Preisuntergrenze,

e) die langfristige Preisuntergrenze.

G Vertriebspolitik

Praxisfall „Careli GmbH“

1 Visualisieren des Vertriebssystems der Careli GmbH

Für den Endverbraucher sind die Careli-Produkte überwiegend im Einzelhandel erhältlich. Die große Zahl der inländischen Einzelhändler (vor allem Fachgeschäfte und Kaufhäuser) wird von 16 Reisenden des Hauses Careli besucht, welche die Beratungs- und Verkaufsgespräche führen. Careli verkauft seine Produkte außerdem direkt über eigene Niederlassungen in fünf deutschen Großstädten. Nur in Köln und Berlin werden sogenannte „Franchise-Fachhändler“ beliefert, welche als Careli-Fachgeschäfte äußerlich nicht von den Niederlassungen zu unterscheiden sind. Auch sie werden von Reisenden mitbetreut. In Frankreich betreut ebenfalls ein Reisender den Handel vor Ort. Nur in Spanien ist ein Handelsvertreter mit Sitz in Valencia eingeschaltet, der für den spanischen Einzelhandel zuständig ist.

ARBEITSAUFTRAG

Für eine Beamer-Präsentation der Geschäftsführung soll das Vertriebssystem von Careli auf einer einzigen Folie grafisch dargestellt werden. Die Folie soll grafisch veranschaulichen,

- über welche Absatzorgane die Produkte von Careli zum Endverbraucher gelangen,
- inwiefern sich die Absatzorgane international unterscheiden,
- dass es unternehmenseigene und rechtlich selbstständige Absatzorgane gibt.

Fertigen Sie mithilfe des nachfolgenden Infotextes zunächst eine Skizze an und setzen Sie diese anschließend am Computer um.

Das Vertriebssystem von Careli

Infotext: Auswahl der Absatzorgane

Vertrieb über unternehmenseigene Absatzorgane

- **(Handlungs-)Reisende:** Sie sind Festangestellte des Unternehmens und im Außendienst des Vertriebs tätig. Sie besuchen die Kunden (i. d. R. Handelsbetriebe) in einem ihnen zugewiesenen Bezirk und führen Beratungs- und Verkaufsgespräche. Reisende erhalten gewöhnlich ein festes Grundgehalt („Fixum“) zuzüglich einer umsatzabhängigen Provision.
- **Verkaufsniederlassungen:** Die Hersteller können ihre Produkte in eigenen Niederlassungen bzw. Filialen an die Endverbraucher verkaufen (z. B. Jack Wolfskin, Esprit).
- **E-Commerce:** Das Unternehmen verkauft die Produkte über einen Onlineshop im Internet an seine Kunden. Man unterscheidet den Verkauf an Unternehmen („Business-to-Business“, kurz: „B2B“) und den Verkauf an die Konsumenten („Business-to-Consumer“, kurz: „B2C“).
- **Telefonvertrieb:** Der Kunde kann direkt beim Hersteller anrufen und bestellen oder er wird vom Hersteller (oder einem beauftragten Callcenter) angerufen.
- **Mitglieder der Geschäftsführung:** In einigen Branchen übernimmt die Geschäftsführung selbst den Vertrieb, etwa bei Großaufträgen (z. B. bei Investitionsgütern).
- **Factory-Outlet-Center (FOC):** Mehrere Hersteller schließen sich zusammen, um ihre Produkte in großen „Fabrikverkaufszentren“ außerhalb der Stadt – mehr oder weniger verbilligt – zu verkaufen (z. B. in Wertheim oder in Zweibrücken), der Groß- und Einzelhandel wird dabei ausgeschlossen.

Vertrieb über rechtlich selbstständige Absatzorgane

- **Handel:** Selbstständige Gewerbetreibende, welche die Produkte kaufen und verkaufen; die Differenz wird als „Handelsmarge“ bezeichnet. Großhändler kaufen die Waren in großen Mengen und verkaufen sie an die Einzelhändler vor Ort, welche sie wiederum an die Endverbraucher verkaufen. Viele Handelsunternehmen sind zu großen Handelsketten zusammengeschlossen (z. B. REWE oder EDEKA). Viele Einzelhändler verkaufen ebenfalls über das Internet.
- **Franchising:** Vertikales Vertriebssystem, bei dem ein Franchisegeber den rechtlich selbstständigen Franchisenehmern im Rahmen eines engen Vertragsverhältnisses bestimmte Rechte (Nutzung der Marken, des Beschaffungssystems, der Werbung, der Einrichtung des Franchisegebers usw.) überträgt. Beispiele für Franchiseketten sind TUI, McDonald’s und Subway.
- **Handelsvertreter:** Selbstständiger Gewerbetreibender nach §§ 84–92 HGB, der dauerhaft damit betraut ist, für ein oder mehrere Unternehmen Geschäfte zu vermitteln oder abzuschließen („in fremdem Namen auf fremde Rechnung“). Dafür erhält er eine umsatzabhängige Provision. Verpflichtet er sich, für den Zahlungseingang zu haften, erhält er eine entsprechend höhere „Delkredereprovision“. Handelsvertreter wohnen gewöhnlich in ihrem Absatzgebiet, ihre Kunden können Händler oder Endverbraucher sein.
- **Handelsmakler:** Selbstständiger Gewerbetreibender nach §§ 93–104 HGB, der in keinem ständigen Vertragsverhältnis zu seinem Auftraggeber steht, sondern von Fall zu Fall Käufer und Verkäufer zusammenführt („in fremdem Namen und auf fremde Rechnung“). Dafür erhält er eine „Courtage“, die gemäß HGB je zur Hälfte von Käufer und Verkäufer zu zahlen ist.
- **Kommissionär:** Selbstständiger Gewerbetreibender nach §§ 383–406 HGB, der mit dem Lieferanten (Kommittent) einen Kommissionsvertrag abschließt, der ihn zum Besitzer, nicht aber zum Eigentümer der Ware macht. Nach außen hin tritt der Kommissionär wie ein gewöhnlicher Händler auf, denn er handelt in eigenem Namen – jedoch auf fremde Rechnung (nämlich des Kommittenten). Der Kommissionär hat gewöhnlich seinen eigenen Kundenstamm.

2 Entscheiden für einen Reisenden oder einen Handelsvertreter

Der spanische Absatzmarkt bekundet ein unerwartetes Interesse an allen Produkten der „young-line“. Die Marketingabteilung von Careli erwartet daher zunehmende Umsätze im folgenden Geschäftsjahr und zieht aus Gründen der Kostensenkung in Erwägung, vor Ort einen Reisenden einzustellen.

Gegenwärtig werden Careli-Produkte in Valencia, Barcelona und Madrid durch den spanischen Handelsvertreter Herrn Moran vertrieben. Herr Moran arbeitet seit zwei Jahren für Careli und erhält eine Provision in Höhe von 7 % seines Umsatzes. Ein Reisender würde hingegen ein monatliches Festgehalt („Fixum“) von 3.000,00 € zuzüglich einer Provision von 2 % des Umsatzes verdienen.

Folgende Vertriebsangaben zum spanischen Markt liegen vor:

Produktlinie	Umsatz im laufenden Jahr	erwartetes Umsatzwachstum im Folgejahr	erwarteter Umsatz im Folgejahr
business	350.000,00 €	+10 %	
traveller	170.000,00 €	+5 %	
female	400.000,00 €	+15 %	
outdoor	80.000,00 €	−12,5 %	
young-line	——	——	52.500,00 €
Summe:		——	

ARBEITSAUFTRÄGE

1. Errechnen Sie den Gesamtumsatz für Spanien, den Careli im folgenden Geschäftsjahr erwartet.
2. Wie hoch wären die erwarteten minimalen Vertriebskosten im Folgejahr?
3. Stellen Sie in folgender Grafik schematisch dar, wie sich die Vertriebskosten beider Vertriebswege entwickeln würden. Gehen Sie dazu von der vereinfachten Annahme aus, dass keine weiteren Lohnnebenkosten entstehen:

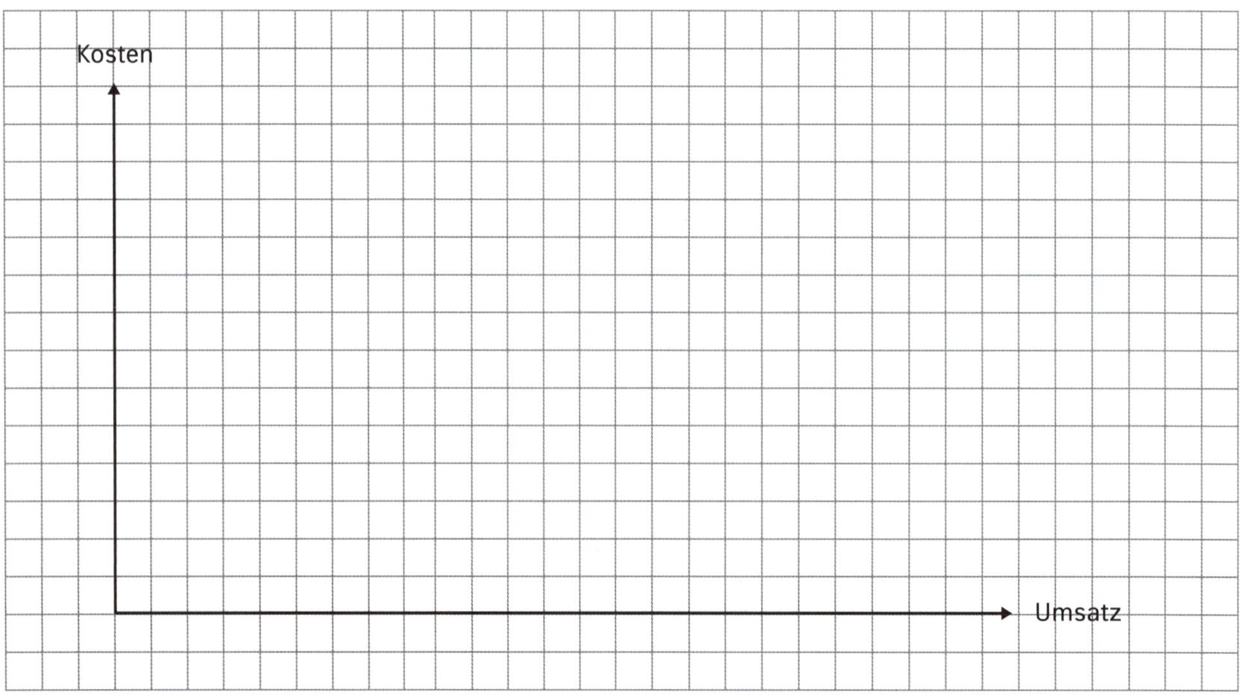

4. Ermitteln Sie mathematisch, ab welchem Jahresumsatz der Reisende weniger Kosten verursacht als der Handelsvertreter.

3 Analysieren von Chancen und Risiken des E-Commerce

Die Careli GmbH erwägt, zukünftig ihre bestehenden Vertriebskanäle um einen B2C-Onlineshop zu erweitern. Um eine fundierte Entscheidung treffen zu können, soll zunächst eine ausführliche Chancen-Risiken-Analyse zur Einrichtung eines Onlineshops vorgenommen werden.

ARBEITSAUFTRAG

Analysieren Sie mithilfe des nachfolgenden Infotextes und Ihrer eigenen Erfahrung die Chancen und Risiken, die mit der Einrichtung eines B2C-Onlineshops für die Careli GmbH verbunden sind und leiten Sie eine begründete Empfehlung ab.

Chancen- und Risiken-Analyse: Onlineshop	
Chancen	**Risiken**
Fazit	

Infotext: E-Commerce

Begriff und Bedeutung

Im weiteren Sinne steht E-Commerce (deutsch: elektronischer Handel) für jegliche Arten von Verkauf (Vertrieb) über das Internet. Das bedeutet, dass die Kaufverträge online abgeschlossen werden.

Im engeren Sinne versteht man unter E-Commerce den Verkauf entweder über einen unternehmenseigenen Onlineshop oder über Online-Marktplätze (z. B. Amazon, E-Bay).

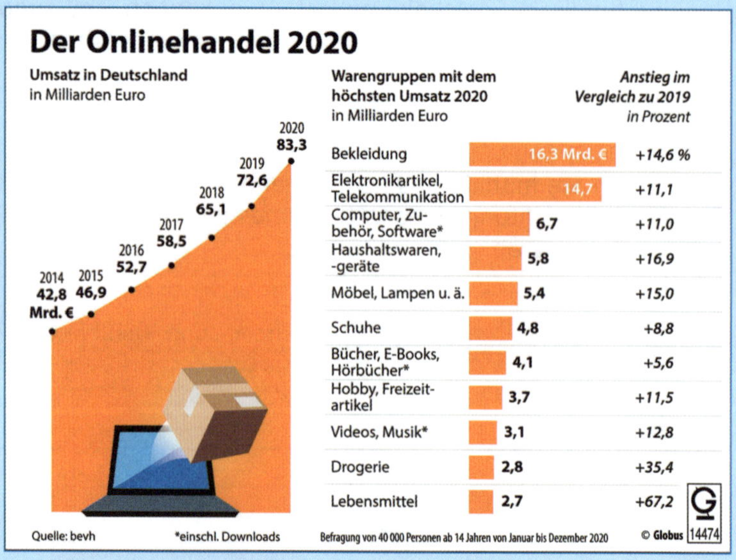

Partnerbeziehungen

In der betrieblichen Praxis sind zwei Partnerbeziehungen von besonderer Bedeutung:

- **B2C (Business-to-Consumer):** Unternehmen verkaufen an Konsumenten.
- **B2B (Business-to-Business):** Unternehmen verkaufen an Unternehmen (z. B. Hersteller an Hersteller, Hersteller an Großhändler, Großhändler an Einzelhändler).

Darüber hinaus gibt es weitere Partnerbeziehungen, z. B. C2C (Consumer-to-Consumer), C2B (Consumer-to-Business) sowie auch B2A (Business-to-Administration).

Onlineshop-Software

Onlineshops können entweder mithilfe sogenannter Shopsysteme (Baukastenprinzip) erstellt werden, welche bereits alle strukturellen Elemente eines Onlineshops enthalten, oder sie werden gemäß individuellen Anforderungen „maßgeschneidert“ programmiert. Baukastensysteme sind deutlich preiswerter und leichter zu erstellen, jedoch sind ihre Möglichkeiten (Design, Bezahlsysteme, Struktur, Anzahl der Produkte usw.) begrenzt.

Organisation der Logistik

Lagerung und Transport physischer Waren können folgendermaßen organisiert werden:

- **Eigene Logistik:** Der Verkäufer übernimmt Lagerung und Transport der Ware zum Kunden.
- **Versandpartner:** Der Verkäufer übernimmt die Lagerung, beauftragt aber Versandpartner (z. B. DHL, Hermes, Deutscher Paketdienst) mit dem Versand der Ware zum Kunden.
- **E-Fulfillment:** Der Verkäufer überträgt die gesamte Logistik (Lagerung, Bestellannahme, Kommissionierung, Versand usw.) an einen externen Logistikdienstleister.
- **Dropshipping (Streckengeschäft):** Der Verkäufer hat die Ware nicht auf Lager und organisiert die direkte Belieferung an den Kunden durch den Hersteller.

Rechtliche Grundlagen

Grundsätzlich gelten auch bei Geschäften im Internet die üblichen kaufmännischen Rechtsgrundlagen wie das Bürgerliche Gesetzbuch (BGB), das Handelsgesetzbuch (HGB), das Gesetz gegen unlauteren Wettbewerb (UWG), das Urheberrechtsgesetz (UrhG) usw. Darüber hinaus gelten im E-Commerce spezielle Regelungen, vor allem das Telemediengesetz (TMG), welches unter anderem Informationspflichten und Pflichten zum Datenschutz enthält. Hinzu kommen weitere Regelungen, die nicht nur in Deutschland, sondern auch in der gesamten EU gelten, vor allem die Datenschutzgrundverordnung (DSGVO) und die europäische Verbraucherrechte-Richtlinie 2011/83/EU.

4 Entwickeln eines B2C-Onlineshops

Careli hat sich entschieden, einen Onlineshop einzurichten. Zu Testzwecken soll zunächst ein einfacher Prototyp mit einer Freeware mit Dummys (Platzhaltern) erstellt werden. Da Careli eine neue Corporate Identity (CI) erwägt, soll der Onlineshop zugleich als Anregung für ein neues Corporate Design dienen. Dieses soll klar, sachlich und unaufgeregt wirken.

ARBEITSAUFTRÄGE

1. Recherchieren Sie kostenlose Onlineshop-Systeme (E-Commerce-Software) zur Erstellung eines Onlineshops (z. B. bei Heise.de oder bei Chip.de) und wählen Sie eine gut bewertete Freeware aus.
2. Installieren Sie die Software und bauen Sie den Shop gemäß Anleitung des Anbieters auf. Erstellen Sie dazu die erforderlichen Dummys:
   - **Texte:** Produktinformationen, AGB, Impressum usw.
   - **Fotos:** gemäß Careli-Produktprogramm (Seite 8)
   - **Grafiken:** Icons, Schaltflächen usw.
3. Testen Sie alle Funktionen Ihres neuen Onlineshops.
4. Bewerten Sie die von Ihnen verwendete Freeware anschließend mithilfe eines Stärken-Schwächen-Profils (Polaritätsprofil, siehe Infotext Seite 53).

Stärken-Schwächen-Profil (Polaritätsprofil): E-Commerce-Freeware					
Bewertungskriterium	++	+	o	–	– –
Bedienungsfreundlichkeit					
Funktionsumfang					
Gestaltungsmöglichkeiten					
Service/Support					

5. Präsentieren Sie anschließend Ihren Shop der Geschäftsführung und der Abteilungsleitung. Erläutern Sie auch besondere Stärken und Schwächen der Freeware.

Infotext: Beliebteste Bezahlarten im E-Commerce[1]

- **Kauf auf Rechnung:** Der Kunde erhält die Ware und die Rechnung, die er innerhalb einer in den AGB angegebenen Frist bezahlen muss. So kann der Kunde die Ware begutachten, bevor er das Geld überweist. Anteil am E-Commerce-Umsatz 2020: 30,4 %.
- **Paypal:** US-amerikanischer Online-Bezahldienstleister, der wegen seines schnellen und unkomplizierten Bezahlverfahrens im Onlinehandel häufig genutzt wird. Der Kunde übermittelt seine Bankverbindung einmalig an Paypal, aber nicht mehr bei der Bezahlung an die Onlinehändler. Anteil am E-Commerce-Umsatz 2020: 24,9 %.
- **Lastschrift (Bankeinzug):** Der Kunde berechtigt den Onlinehändler, den vereinbarten Geldbetrag vom Kundenkonto einzuziehen. Der Kunde kann im Problemfall die Lastschrift zurückbuchen („platzen“) lassen. Anteil am E-Commerce-Umsatz 2020: 17,9 %.
- **Kreditkarte:** Karte zur Bezahlung von Waren und Dienstleistungen vor allem im internationalen Geschäftsverkehr, die entweder von Banken in Zusammenarbeit mit den Kreditkartenunternehmen (Visa, Mastercard) oder direkt von der Kartengesellschaft (American Express, Diners) ausgegeben werden. Anteil am E-Commerce-Umsatz 2020: 11,8 %.

1 vgl. https://www.ehi-shop.de/image/data/PDF_Leseproben/EHI-Online-Payment_2021_Leseprobe.pdf [abgerufen am 31. Oktober 2021]

Kompaktwissen

Vertriebspolitik

- **Absatzorgane und Absatzwege (Absatzkanäle)**
- **Marketinglogistik**

Absatzorgane

unternehmenseigene Absatzorgane

- (Handlungs-)Reisende
- Verkaufsniederlassungen
- E-Commerce: B2B, B2C
- Telefonvertrieb
- Mitglieder der Geschäftsführung
- Factory-Outlet-Center (FOC)

rechtlich selbstständige Absatzorgane

- Handel (Einzel- und Großhandel)
- Franchising
- Handelsvertreter
- Handelsmakler
- Kommissionäre

Absatzwege (Absatzkanäle)[1]

direkter Absatz

Vertrieb ohne Einschaltung von Handels- oder Franchisebetrieben

indirekter Absatz

Vertrieb mit Einschaltung von Handels- oder Franchisebetrieben

Marketinglogistik

Auftragsabwicklung

- Auftragsannahme
- Auftragsbearbeitung
- Kommissionierung
- Fakturierung

Lagerhaltung

- Zentral oder dezentral?
- Eigen- oder Fremdlager?

Transportmittel

- Transportmittelauswahl
- Eigene oder fremde Transportmittel?

Transportverpackung

- Produktschutz
- Lagerbarkeit
- Transportfähigkeit

1 Der Begriff ist in der Literatur uneinheitlich definiert, gelegentlich wird der direkte Absatz mit dem Vertrieb über unternehmenseigene und der indirekte Absatz mit dem Vertrieb über rechtlich selbstständige Absatzorgane gleichgesetzt.

Vertiefungsaufgaben

1. Prüfen Sie, welche der folgenden Aussagen zu Handelsvertretern und Reisenden richtig ist und begründen Sie Ihre Ansicht.

a) Der Handelsvertreter ist ein Angestellter des Unternehmens, für das er tätig ist.
b) Der Handelsvertreter erhält ein Fixum und eine umsatzabhängige Provision für seine Leistungen.
c) Rechte und Pflichten des Handelsvertreters ergeben sich aus dem BGB.
d) Der Reisende erhält lediglich eine umsatzabhängige Provision für seine Leistungen.
e) Der Franchisenehmer ist beim Franchisegeber beschäftigt.
f) Der Reisende präsentiert dem Kunden die Produkte seines Arbeitgebers.
g) Der Handelsvertreter ist ein selbstständiger Kaufmann, der in eigenem Namen und auf eigene Rechnung Verträge abschließt.
h) Der Handelsvertreter erhält eine Delkredereprovision für besonders erfolgreiche Vertragsabschlüsse.

2. Der Sportschuhhersteller Schiebel steht vor der Alternative, Reisende oder Handelsvertreter einzusetzen. Für die Reisenden muss das Unternehmen ein monatliches Fixum von 20.000,00 € sowie 4 % Umsatzprovision bezahlen; die Vertreter erhalten 9 % Umsatzprovision. Der erwartete Monatsumsatz liegt bei 500.000,00 €.

a) Überprüfen Sie rechnerisch und zeichnerisch, ob sich der Einsatz von Reisenden unter den gegebenen Bedingungen lohnt.
b) Ermitteln Sie rechnerisch den kritischen Monatsumsatz, bei dem Reisende und Handelsvertreter dieselben Kosten verursachen.
c) Schiebel beabsichtigt, zukünftig auch den ungarischen Markt zu beliefern, welchen er noch nicht näher kennt. Überlegen Sie, ob dort eher ein Reisender oder ein Handelsvertreter eingesetzt werden sollte, und begründen Sie Ihre Meinung.

3. Die kaufmännische Angestellte Nörenberg will sich den Traum eines eigenen vegetarischen Restaurants erfüllen. Dazu überlegt sie, ob sie ihr Restaurant eigenständig betreiben oder einen Franchisebetrieb einer vegetarischen Restaurantkette eröffnen sollte. Welche Vor- und Nachteile könnten für Frau Nörenberg mit so einem Franchisevertrag verbunden sein?

4. Klavierbauer Liebenthron muss sich vor dem Hintergrund wachsender Auftragseingänge entscheiden, ob er für den Transport seiner Instrumente zum Kunden einen eigenen Lkw erwerben oder weiterhin eine Spedition beauftragen soll. Ein eigener LKW verursacht jährlich feste Kosten in Höhe von 12.000,00 €, die Kosten je km belaufen sich dabei auf 0,80 €. Die Spedition stellt den gefahrenen Kilometer mit 1,80 € in Rechnung. Wie kann Liebenthron die günstigere Alternative für sich herausfinden?

5. Der Spielwarenhersteller Schmidt (Stofftiere und Chemiebaukästen) benötigt neue Lagerkapazitäten und steht vor der Frage, ob er ein großes Zentrallager oder mehrere kleinere dezentrale Lager einrichten soll. Was spricht aus Ihrer Sicht für ein Zentrallager und was für dezentrale Lagerung?

6. Beurteilen Sie das Just-in-time-Konzept im Hinblick auf betriebswirtschaftliche und ökologische Gesichtspunkte.

7. Die Stevens GmbH plant, den Onlineverkauf als neuen Vertriebsweg. Dabei ist noch nicht entschieden, ob die Produkte über einen eigenen Onlineshop oder über Online-Marktplätze vertrieben werden sollen. Diskutieren Sie die Vor- und Nachteile von Online-Marktplätzen gegenüber einem eigenen Onlineshop für die Anbieter und leiten Sie ein begründetes Fazit ab.

H Kommunikationspolitik

Praxisfall „Careli GmbH“

1 Analysieren von Techniken der Werbepsychologie

ARBEITSAUFTRÄGE

1. Stellen Sie die im nachfolgenden Infotext erläuterten werbepsychologischen Techniken in einer Baumstruktur oder in einer Mindmap auf einer Wandzeitung übersichtlich dar.

2. Erläutern Sie, inwiefern die folgenden Werbeanzeigen werbepsychologische Techniken einsetzen.

Eingesetzte Werbetechniken: ______________________________

____

Eingesetzte Werbetechniken: ______________________________

____

____

____

____

Infotext: Techniken der Werbepsychologie[1]

Aufmerksamkeit erzeugen

Seit einigen Jahrzehnten sind die Konsumenten ständig unzähligen Werbeinformationen aus zahllosen Medien ausgesetzt, die sie unmöglich vollständig verarbeiten können. Diesen Zustand nennt man „Informationsüberlastung“. Der Mensch filtert dabei von Natur aus solche Informationen aus, die für ihn nicht von Bedeutung sind. Ein Großteil der Werbungen wird daher überhaupt nicht wahrgenommen.

Aus diesem Grund versucht jede Werbung zunächst, Aufmerksamkeit beim Konsumenten zu erregen. Dazu werden sogenannte **Aktivierungstechniken** eingesetzt, welche evolutionär entwickelte Reaktionsmuster nutzen, die im Stammhirn des Menschen beheimatet sind. Aktivierung ist ein Zustand erhöhter innerer Erregung oder Wachheit, der dazu führt, dass sich der Empfänger unwillkürlich einem ausgewählten Reiz zuwendet („Orientierungsreaktion“), sich aktiv mit dem Reiz beschäftigt und abhängig vom Grad der Aktivierung den Reiz in Erinnerung behält. Man unterscheidet dabei drei Arten von Reizen:

- **Physisch intensive Reize:** Dazu gehören alle Arten von großen, lauten, eindringlichen oder farbintensiven Reizen sowie bewegliche Bilder.

  Beispiele: Videos und Animationen im Internet, Flächen mit auffälligen Farben, starke Kontraste, große fett gedruckte Buchstaben, mehrseitige Werbeanzeigen, laut und eindringlich gesprochene Radiospots

- **Emotionale Reize:** Hierbei handelt es sich um biologische Schlüsselreize, die automatisch ein bestimmtes Gefühl auslösen.

  Beispiele: erotische Reize, niedliche Kinder- oder Tierköpfe mit großen Augen (Kindchenschema), welche unwillkürlich Schutzinstinkte auslösen, oder ein Augenpaar, welches dem Betrachter wiederum in die Augen schaut und unwillkürlich als mögliche Gefahr wahrgenommen wird

- **Überraschungsreize:** In diesen Zusammenhang gehören alle Arten von Überraschungen, die durch gedankliche Widersprüche bzw. Unverhältnismäßigkeiten oder durch das Verstoßen gegen vorhandene Vorstellungen beim Betrachter ausgelöst werden. Diese Technik spielt bei humorvollen Werbungen eine Hauptrolle.

  Beispiele: für überraschende Headlines (Kopfzeilen) sind: „Reißt den Kölner Dom ab!“ (Anzeige deutscher Zeitschriftenverlage), „Nicht weiterlesen!“ (Deutsche Telekom) oder „Mieten Sie uns pleite!“ (Sixt)

Kundennutzen versprechen

Unter Berücksichtigung der Positionierung der Marke verspricht die Werbung dem Kunden einen besonderen Nutzen des beworbenen Produkts. Dabei ist zwischen Grundnutzen und Zusatznutzen zu unterscheiden:

- **Grundnutzen:** Die Werbung verspricht einen objektiv nachweisbaren Nutzen des Produkts.

  Beispiel: Der Installateur präsentiert vor laufender Kamera die Auswirkung unterschiedlicher Waschmittel auf die Verkalkung von Waschmaschinenteilen.

- **Zusatznutzen:** Die Werbung verspricht offen oder verdeckt die Befriedigung allgemeiner menschlicher Grundbedürfnisse:
  - **Zugehörigkeit und Anerkennung:** typisch bei Werbung für Textilien, Handys, Getränke
  - **Wertschätzung durch Status und Prestige:** typisch bei Werbung für Automobile, Uhren
  - **Erotik:** typisch bei Werbung für Kosmetika, Textilien, Körperpflegeprodukte
  - **Sicherheit:** typisch bei Werbung für Versicherungen, Aidsprävention
  - **Freiheit und Naturverbundenheit:** typisch bei Werbung für Touristik, Zigaretten, Automobile

1 in Anlehnung an Werner Kroeber-Riel, Franz-Rudolf Esch: Strategie und Technik der Werbung, Kohlhammer Verlag, Stuttgart, 6. Auflage 2004

Beeinflussungstechniken einsetzen

- **Kognitive Techniken:** Der Kunde wird gedanklich beeinflusst. Dabei lassen sich drei Ebenen unterscheiden:
  - **Informieren:** Die Werbung informiert den Konsumenten sachlich über Produktmerkmale.
  - **Argumentieren:** Die Werbung setzt eine systematisch aufgebaute Beweisführung ein, um den Kunden zu überzeugen. Die logische Schlussfolgerung besteht darin, dass man das Produkt kaufen sollte.

    Beispiel: Eine Versicherung rechnet Sicherheit im Alter durch Auswahl ihres Produkts vor.
  - **Assoziationen[1] nutzen:** Die Werbung nutzt eingespielte Denkgewohnheiten und automatische gedankliche Verknüpfungen. Diese Technik wird häufig eingesetzt, um das Vertrauen des Konsumenten zu gewinnen.

    Beispiele: Der Zahnarzt erläutert in seiner Praxis die erfolgreiche Wirkungsweise einer Zahncreme: Der Konsument assoziiert dabei wissenschaftliche Fachkompetenz. Ein weiteres Beispiel ist die sogenannte „Substantivtechnik“, die dem Konsumenten mithilfe künstlich geschaffener Substantive (z. B. Pflegeformel, Tiefenwirkung, Waschkraft, Mobilitätsgarantie, Verwöhnaroma, Kurvenstabilität) eine Scheinobjektivität vortäuscht.
- **Emotionale Techniken:** In den letzten Jahrzehnten hat die Werbung oft versucht, Kunden von den Vorteilen der Produkte zu überzeugen. Häufig interessieren sich Konsumenten aber selbst dann nicht für ein Produkt, wenn sie dessen Eigenschaften für gut halten. Heute weiß man, dass Emotionen für ein Produkt (Gefühle wie z. B. Prestige, Abenteuer, Erotik, Jugendlichkeit, Sportlichkeit, Frische, Gemütlichkeit, Geselligkeit, Geborgenheit) für Image und Einstellung des Konsumenten und damit für sein Kaufverhalten häufig ausschlaggebender sind als objektive Produktvorteile. Mit folgenden emotionalen Techniken versucht die Werbung, die Gefühle der Konsumenten zu nutzen:
  - **Atmosphäre aufbauen:** Eine angenehme Atmosphäre in der Werbung fördert die Aufnahme, Verarbeitung und Einprägung der Werbebotschaft. Außerdem wird das Produkt langfristig positiver beurteilt, wenn die Werbung eine solche Atmosphäre erzeugt. Das geschieht beispielsweise durch schöne Landschaften, gesellige Partystimmung im Hintergrund des Produkts oder schöne Frauen in Motorradkatalogen. Der Zusammenhang von Behaltensleistung und emotionaler Intensität wurde von Rosenstiel und Neumann nachgewiesen[2]:

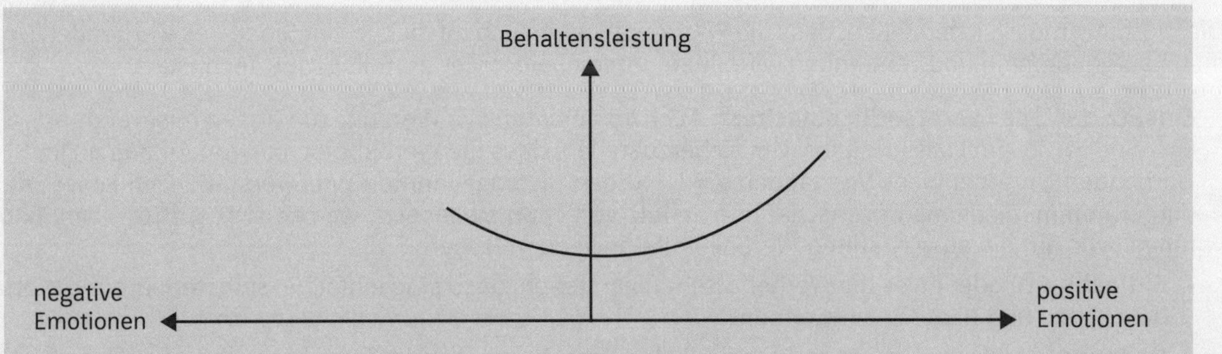

  - **Emotional Konditionieren:** Die Werbung lässt den Konsumenten Gefühle erlernen: Wird ein Produkt immer wieder mit ein und demselben emotionalen Reiz (z. B. stimmungsvolle Landschaft) dargeboten, so wird dieses Produkt in der Wahrnehmung des Konsumenten nach und nach emotional „aufgeladen“: Das Produkt selbst erhält nun einen emotionalen Erlebnisgehalt (Beispiele: BMW – Sportlichkeit, Coca-Cola – Jugend, Marlboro – Freiheit und Abenteuer). Diese Technik bezeichnet man als „emotionale Konditionierung“. Emotionale Konditionierung beruht auf dem Prinzip der „klassischen Konditionierung“, welche auf den russischen Verhaltensforscher Pawlow (1849–1936) zurückzuführen ist. Pawlow fand in einem Experiment mit Hunden heraus, dass bestimmte Reaktionen auf Reize im Laufe der Zeit an neue Reize geknüpft werden können: Immer wenn die Hunde gefüttert wurden (was bei Hunden grundsätzlich erhöhte Speichelbildung auslöst), läutete Pawlow mit einer Glocke. Nach einigen Wochen reichte das Klingeln mit der Glocke ohne Fütterung aus, um beim Hund die erhöhte Speichelbildung auszulösen.

1 Assoziation: Verbindung, Verknüpfung
2 vgl. Lutz von Rostenstiel, Peter Neumann: Einführung in die Markt- und Werbepsychologie, wb, Darmstadt, 2. unveränderte Auflage 1991, S. 114

- **Emotionale Assoziationen nutzen:** Neben kognitiven Assoziationen können beim Menschen auch emotionale Assoziationen genutzt werden, also Verknüpfungen von Reizen mit Gefühlen.
  - **Farben:** In mehreren Untersuchungen konnte festgestellt werden, dass Hausfrauen ein und dasselbe Waschmittel in blauen Verpackungen für schonender hielten als in gelben Verpackungen und dass Versuchspersonen blaugrüne Räume kälter erschienen als rote mit identischer Temperatur. Die Werbepsychologie geht von folgenden Farbwirkungen aus[1]:

Farbe	Wahrnehmungen und Assoziationen beim Konsumenten
Rot	heiß, laut, süß, fest, erregend, herausfordernd, mächtig, stark
Orange	warm, trocken, süß, lebendig, heiter, anregend, freudig
Gelb	leicht, glatt, hell, anregend, fröhlich, frei
Grün	kühl, bitter, fruchtig, Gesundheit, Lebenskraft, jung, gelassen
Blau	kalt, nass, glatt, fern, seriös, passiv, beruhigend, zurückgezogen
Violett	samtartig, faulig-süß, würdevoll, unglücklich
Braun	warm, behaglich, schwer, genussvoll
Rosa	süßlich, weich, leicht, zärtlich, verspielt
Schwarz	drohend, hart, vornehm, elegant, kompromisslos

  - **Bilder:** Mit Bildern können komplexe Informationen übermittelt und damit entsprechende emotionale Assoziationen in Bruchteilen einer Sekunde ausgelöst werden, welche entweder natur- oder erfahrungsbedingt (z. B. freundlicher Gesichtsausdruck, gemütliche französische Straßencafés) aufgebaut werden.
  - **Worte:** Viele Worte sind mit emotionalen Assoziationen verknüpft. Die Werbung setzt zielgerichtet Worte ein, die üblicherweise positive Emotionen auslösen (Beispiele: Pflege, Genuss, Abenteuer).
  - **Klänge:** Unterschiedliche Arten von Musik können beim Menschen bestimmte Gefühle auslösen (z. B. Sehnsucht, Romantik, Aggression), ebenso verhält es sich mit dem Klang menschlicher Stimmen (z. B. väterlich beschützend, kraftvoll entschlossen, erotisch).

Aufnahme der Werbebotschaft sichern

Die Werbung muss sicherstellen, dass die Werbebotschaft auch tatsächlich im Sinne des werbenden Unternehmens aufgenommen und verstanden wird. Man unterscheidet vier grundlegende Techniken:

- **Einsatz der „vier Verständlichmacher“:** Auch kostenintensive Werbungen können missverstanden werden und sind in diesem Falle erfolglos. Um sicherzustellen, dass die Werbebotschaft von Anfang an im Sinne des werbenden Unternehmens verstanden wird, werden die sogenannten „vier Verständlichmacher“ des Hamburger Kommunikationswissenschaftlers Schulz von Thun eingesetzt, welche sich auf Text- und Bildgestaltung sowie auf die ausgewählten Werbeinhalte anwenden lassen:
  - **Einfachheit:** Jeder muss die Werbebotschaft verstehen, dazu sind einfache, selbsterklärende Worte, Symbole, Texte und Bilder zu verwenden.
  - **Ordnung/Struktur:** Um etwas verständlich zu machen, versucht man stets, komplexe Informationen in eine übersichtliche Ordnung zu bringen. Beispiele sind Absätze und Zwischenüberschriften bei Texten oder eine inhaltliche Sachstruktur (roter Faden) in einer Argumentation.
  - **Kürze/Prägnanz:** Um etwas verständlich zu vermitteln, sollte man auf Details und komplexe Zusammenhänge verzichten und sich stattdessen auf die Kernbotschaft beschränken. Die Werbeforschung empfiehlt z. B., dass eine Headline maximal acht Worte enthalten sollte.
  - **Stimulanz:** Sachverhalte werden besser verstanden, wenn sie stimulierend (anregend) vermittelt werden. Das geschieht etwa durch den Einsatz von Farben, Bildern, Symbolen und Geschichten, durch Humor sowie über rhetorische Figuren (z. B. die Alliteration[2] „Geiz ist geil“[3]).

---

1 vgl. Hans-Jürgen Rogge: Werbung, Kiehl, Ludwigshafen, 6. Aufl. 2004, S. 227 und Gerold Behrens: Werbung, Vahlen, München, 1. Aufl. 1996, S. 57

2 Bei aufeinander folgenden Wörtern ist der Anlaut gleich.

3 Media-Saturn-Holding GmbH: Drei Wochen lang ist bei Saturn Geiz wieder geil, 15.08.2017, https://www.mediamarktsaturn.com/press/press-releases/drei-wochen-lang-ist-bei-saturn-geiz-wieder-geil [01.03.2022]

- **Abstimmung von Bild und Text:** Um eine Botschaft problemlos auffassen und verstehen zu können, ist es erforderlich, dass Bilder und Texte aufeinander abgestimmt sind, sonst wird der Betrachter irritiert und die Werbebotschaft verwässert.
- **Blickführung zum Produkt:** Die Werbung muss sicherstellen, dass der Blick des Betrachters nicht vom Werbeobjekt abgelenkt, sondern dort hingeführt wird. Zu diesem Zweck können systematische Blickverlaufsstudien durchgeführt werden. Der Betrachter muss sich vor allem an das Produkt erinnern – und nicht an die Werbung.
- **Hierarchischer Informationsaufbau:** Man weiß heute, dass sich Leser einer Zeitschrift durchschnittlich maximal zwei Sekunden mit einer Werbeanzeige beschäftigen, dann bricht der Kontakt ab[1]. In diesen zwei Sekunden muss daher die Werbebotschaft angekommen sein. Einige Werbeforscher verlangen daher, dass die eigentliche Werbebotschaft bereits in der Headline enthalten sein sollte. Um die wichtigsten Informationen zu sichern und weitere Informationen bereitzustellen, geht man hierarchisch vor:

DIE WICHTIGSTE BOTSCHAFT

die zweitwichtigste Botschaft

die drittwichtigste Botschaft

Werbebotschaft verankern

Der Mensch vergisst von Natur aus die Informationen, die für ihn von nachrangiger Bedeutung sind bzw. mit denen er nicht regelmäßig konfrontiert wird. Dieser Zusammenhang wird in der sogenannten Vergessenskurve dargestellt (Abb. 1[2]). Wird die Werbebotschaft beständig wiederholt, so erinnern sich die Kunden langfristig besser (Abb. 2[3]).

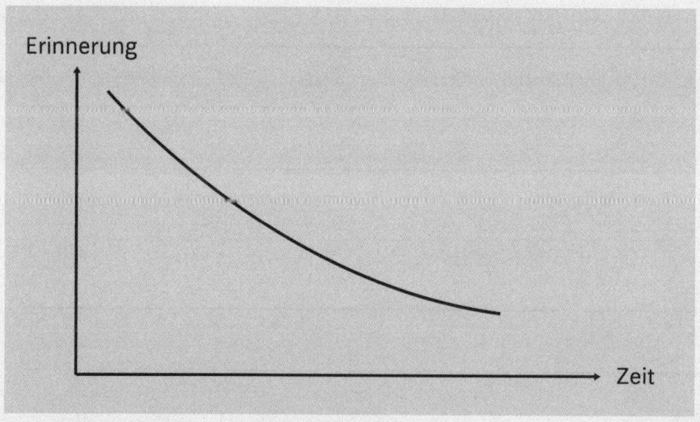

Abb. 1: Vergessenskurve

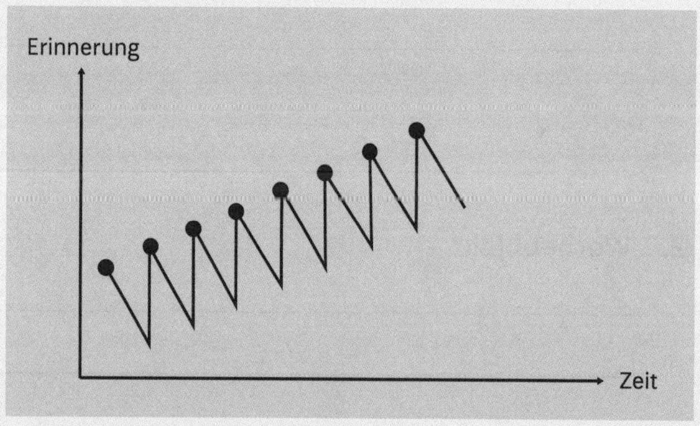

Abb. 2: Werbeerinnerungskurve bei acht Schaltungen

Die eingesetzten Werbetechniken lösen auf diese Weise nachhaltige gedankliche und emotionale Vorgänge aus, welche als Mosaikbausteine eines Images (diffuses Vorstellungsbild) bzw. einer Einstellung angesehen werden können. Da die Einstellungen von heute das Verhalten von morgen bestimmen, kann Werbung in bestimmten Grenzen das Kaufverhalten der Konsumenten beeinflussen.

1 vgl. Werner Kroeber-Riel, Franz-Rudolf Esch: Strategie und Technik der Werbung, Kohlhammer, Stuttgart, 6. Aufl. 2004, S. 17
2 vgl. Günter Schweiger, Gertraud Schrattenecker: Werbung, Lucius und Lucius, Stuttgart, 6. Aufl. 2005, S. 189
3 vgl. ebd., S. 190

2 Entwickeln eines Werbe- und eines Mediaplans

Die neu entwickelte Schul- und Freizeittasche (Collegetasche) befindet sich nun in der Produktion und soll am 1. Juli des Folgejahres auf dem deutschen Markt eingeführt werden. Um der Zielgruppe das Produkt bekannt zu machen, plant die Marketingabteilung der Careli GmbH für das Folgejahr eine bundesweite Einführungswerbekampagne in überregionalen Zeitschriften (mit einer Reichweite von mindestens 0,5 Mio. Lesern). Das Jahreswerbebudget für die Schaltung der Zeitschriften beläuft sich auf 225.000,00 €.

ARBEITSAUFTRAG

Erstellen Sie mithilfe des nachfolgenden Infotextes einen Werbe- und einen Mediaplan für die Bewerbung der neuen Schul- und Freizeittasche der Careli GmbH im Folgejahr. Greifen Sie für die Erstellung des Mediaplans (Seite 102 f.) auf die Anzeigenpreisliste (Seite 104) zurück.

Werbeplan
1. Situationsanalyse ______________________________ ______________________________ ______________________________ ______________________________ ______________________________ ______________________________ ______________________________ ______________________________ ______________________________ ______________________________
2. Werbeobjekt ______________________________ ______________________________ ______________________________ ______________________________ ______________________________ ______________________________ ______________________________ ______________________________ ______________________________ ______________________________ ______________________________ ______________________________

3. **Zielgruppe**

4. **Werbebudget**

5. **Werbeziele**

6. **Werbebotschaft**

7. **Streugebiet**

8. **Streuweg**

9. **Reichweite**

10. **Streuzeit**

Infotext: Werbe- und Mediaplanung

Einordnung

Eine professionelle Werbekampagne setzt eine systematische Werbe-und-Mediaplanung voraus. Diese beantwortet im Kern die Frage: *„Wer will was, bei wem, bis wann, womit erreichen"?* Ein aussagefähiger Werbeplan ist folgendermaßen aufgebaut:

1. Situationsanalyse

In einem ersten Schritt sind das werbende Unternehmen und sein Umfeld zu analysieren:

- Um was für ein Unternehmen handelt es sich (Produkte, Image, Bekanntheitsgrad, Coroporate Identity)?
- In welchem Markt bzw. Marktsegment will das Unternehmen auftreten?
- Welche Wettbewerber gibt es dort und wie positionieren sich diese?

2. Werbeobjekt

In Bezug auf das zu bewerbende Produkt sind folgende Fragen zu beantworten:

- Was genau ist zu bewerben (Produkt, Produktgruppe, Produktprogramm)?
- Welche Eigenschaften und welche besonderen Stärken hat das Produkt?
- Welches Alleinstellungsmerkmal (USP) hat das Produkt gegenüber den Wettbewerbern?

3. Zielgruppe (Werbesubjekte, Streukreis)

Die zu bewerbenden Personen sind möglichst genau zu beschreiben in Bezug auf

- **demografische Merkmale,** z. B. Alter, Geschlecht, Einkommen, Beruf
- **psychografische Merkmale,** z. B. Interessen, Einstellungen, Lebensstil

4. Werbebudget

Bei der Bestimmung des Werbebudgets kann sich die Marketingabteilung an zwei Größen orientieren:

- **Umsatz/Gewinn:** Das Werbebudget wird als prozentualer Anteil vom Umsatz/Gewinn („zyklische Werbung") oder gegenläufig zum Umsatz/Gewinn („antizyklische Werbung") bestimmt.
- **Werbeziele:** Das Werbebudget ist abhängig von den Werbezielen. In diesem Falle werden erst die Werbeziele formuliert und dann das Werbebudget daraus abgeleitet.

5. Werbeziele

Qualifizierte Werbeziele müssen, wie auch die Marketingziele, stets „SMART" (spezifisch, messbar, angemessen, realistisch und terminiert, siehe Seite 27) formuliert werden. Typische Werbeziele sind:

■ **Bekanntheitsgrad**	**Beispiel:**	Bis zum 01.09.20.. ist 80 % der befragten Personen die Marke „Oil of Olaz" bekannt.[1]
■ **Image**	**Beispiel:**	Bis zum 01.09.20.. denken 65 % der befragten Personen bei der Marke „Lufthansa" an hohen Flugkomfort
■ **Information**	**Beispiel:**	Bis zum 01.09.20.. kennen 70 % der befragten Personen die Motorleistung und die Beschleunigungswerte des neuesten Tesla-Modells.
■ **Emotion**	**Beispiel:**	Bis zum 01.09.20.. verbinden 75 % der befragten Personen mit der Marke „Jack Wolfskin" mit Freiheit und Abenteuer.

1 Hier kann noch einmal die „gestützte Bekanntheit" (den befragten Personen wird eine Liste vorgelegt) und die ungestützte Bekanntheit (die befragten Personen können die Marke ohne Hilfe nennen) unterschieden werden.

6. Werbebotschaft

Die Werbebotschaft („Message“) ist die Kernaussage, welche die Zielgruppe erreichen soll. Sie muss den Kundennutzen („Consumer Benefit“) des Produkts deutlich herausstellen (z. B. „Red Bull verleiht Flügel“[1]).

7. Streugebiet

Abhängig von Werbezielen und Werbebudget ist zu entscheiden, ob die Werbung lokal, regional, national oder international geschaltet werden soll.

8. Streuweg

Der Streuweg ist der Kanal, über den die Werbung an die Zielgruppe getragen wird. Entsprechend sind nun die Werbemittel und die Werbeträger zielgruppenspezifisch zu bestimmen:

- **Werbemittel:** Form, in der die Werbebotschaft dargestellt wird (Anzeige, Plakat, Spot, Banner usw.)
- **Werbeträger:** Medium, mit dem das Werbemittel übermittelt wird (z. B. Zeitung, TV, Rundfunk, Internet usw.)

9. Reichweite

Bei der Reichweite („Reach“) handelt es sich um die Anzahl der Zielpersonen, die durch ein Medium mindestens einmal erreicht werden. Die Medienunternehmen geben in ihren Anzeigenpreislisten die Reichweite ihrer Medien stets mit an. Die Einheit ist abhängig vom Medium (z. B. Leser/-innen pro Ausgabe („LpA")).

10. Streuzeit

Die Streuzeit ist der Zeitraum, in dem die ausgewählten Medien geschaltet werden sollen. Dabei ist zu bedenken, dass

- viele Kaufentscheidungen in bestimmten Zeiträumen getroffen werden (z. B. Saisonprodukte wie Bikinis)
- aufgenommene Informationen in der Regel rasch wieder vergessen werden (siehe Seite 97).

Mediaplan

Aus den bisherigen Inhalten des Werbeplans lässt sich nun ein konkreter Mediaplan ableiten. Dieser weist aus, in welchen Zeiträumen welche Werbeträger geschaltet werden sollen und wie sich das Werbebudget auf die einzelnen Werbeträger verteilt.

Beispiel:

Mediaplan: Planjahr 20..															
Werbeträger	Format	Anzahl Schaltungen	Kosten	Jan				Feb				Mrz			
1. Presse															
Zeitschrift A	1/1	6	96.000,00	■	■	■	■	■	■						
Zeitschrift B	2/3	4	48.400,00			■	■	■	■						
Zeitschrift C	1/4	8	36.200,00			■	■	■	■	■	■	■	■		
2. TV-Sender															
Sender A	45 Sek.	4	120.000,00			■	■	■	■						
Sender B	60 Sek.	4	240.000,00					■	■	■	■				
Sender C	35 Sek.	2	54.600,00									■	■		
Gesamtkosten			**595.200,00**												

1 Red Bull Deutschland GmbH: Red Bull, https://www.redbull.com/de-de/energydrink/red-bull-energy-drink [01.03.2022]

MEDIAPLAN															
Werbeträger	Format	Anzahl Schaltungen	Kosten (€)	Januar				Februar				März			
				1	2	3	4	1	2	3	4	1	2	3	4
Print															
TV															
Radio															
Web															
Gesamtkosten (€)															

20..																																			
April				**Mai**				**Juni**				**Juli**				**August**				**Septem-ber**				**Oktober**				**November**				**Dezember**			
1	2	3	4	1	2	3	4	1	2	3	4	1	2	3	4	1	2	3	4	1	2	3	4	1	2	3	4	1	2	3	4	1	2	3	4

Anzeigenpreise[1]									
Zeitschrift	**Formate[2]**						**verkaufte Auflage (Tsd.)**	**Reichweite (Mio. Leser/ -innen)**	**Erscheinungsweise**
	2/1	**1/1**	**2/3**	**1/2**	**1/3**	**1/4**			
BRAVO	85.034,00	42.517,00	keine Angabe	27.636,00	17.857,00	16.156,00	100	0,68	monatlich
BRAVO GiRL!	41.760,00	20.880,00	keine Angabe	13.572,00	8.770,00	7.934,00	70	0,26	13 x jährlich
Brigitte	114.800,00	57.400,00	45.900,00	37.300,00	31.500,00	keine Angabe	269,1	1,9	14-tägig
CHIP	37.200,00	18.600,00	13.030,00	9.760,00	6.820,00	5.350,00	82,1	1,8	monatlich
COSMOPOLITAN	78.000,00	39.000,00	31.200,00	27.300,00	18.330,00	keine Angabe	170	1,01	monatlich
GEO	86.800,00	43.400,00	31.800,00	27.100,00	18.800,00	14.700,00	166	2,33	monatlich
11 Freunde	38.200,00	19.100,00	keine Angabe	11.500,00	8.300,00	7.100,00	68,1	0,81	monatlich
STERN	136.000,00	68.000,00	50.600,00	43.500,00	31.800,00	26.900,00	361	5,0	wöchentlich
TV Movie	132.900,00	66.450,00	53.752,00	42.369,00	31.619,00	keine Angabe	780	4,6	14-tägig
Welt der Wunder	46.284,00	23.142,00	keine Angabe	12.490,00	10.080,00	keine Angabe	105	1,19	monatlich

1 Listenpreise der Verlage (ohne Rabatte), Stand 2021
2 2/1 bedeutet: doppelseitige Werbung, 1/1 bedeutet: ganzseitige Werbung usw.

3 Gestalten einer Werbeanzeige

ARBEITSAUFTRÄGE

1. Gestalten Sie eine Werbeanzeige für die geplante Zeitschriftenkampagne. Berücksichtigen Sie dabei
   - die Vorgaben Ihres Werbeplans (vor allem Werbeobjekt, Zielgruppe, Werbeziele, Werbebotschaft),
   - die Techniken der Werbepsychologie (aus Abschnitt 1).

2. Präsentieren Sie die fertige Anzeige Ihrer Klasse. Stellen Sie zu Beginn Ihrer Präsentation die Werbeziele und die Werbebotschaft Ihres Werbeplans vor.

3. Diskutieren Sie bei jeder Präsentation kritisch, ob
   - die Werbebotschaft deutlich wird,
   - die Werbeziele mit der Anzeige vermutlich erreicht werden,
   - die Techniken der Werbepsychologie qualifiziert eingesetzt wurden.

   Notizen (für das Publikum)

4 Vorbereiten einer Social-Media-Kampagne

Dr. Hanisch denkt darüber nach, neben der traditionellen Werbung auch eine Werbekampagne in einem sozialen Netzwerk zu starten. Da die Careli GmbH nicht über Erfahrungen mit diesen Medien verfügt, soll die Kampagne sorgfältig vorbereitet werden.

ARBEITSAUFTRÄGE

1. Stellen Sie im Rahmen einer Kurzpräsentation mit anschaulichen Screenshots eine Social-Media-Kampagne eines Unternehmens Ihrer Wahl vor, die aus Ihrer Sicht besonders gelungen und vermutlich erfolgreich ist. Begründen Sie Ihre Meinung.
2. Stellen Sie mithilfe des nachfolgenden Infotextes Chancen und Risiken einer Social-Media-Kampagne für die Careli GmbH gegenüber und leiten Sie eine begründete Empfehlung ab.

Chancen- und Risiken-Analyse: Social-Media-Kampagne	
Chancen	**Risiken**
Fazit	

3. **Kreativauftrag:** Entwickeln Sie für die Vermarktung der neuen Careli-Tasche mithilfe des nachfolgenden Infotextes ein überzeugendes Konzept für einen konkreten Auftritt in einem sozialen Netzwerk. Das Konzept soll folgendermaßen aufgebaut sein:

> 1 Begründete Auswahl eines sozialen Netzwerks
> 2 Nutzbare Funktionen, die das soziale Netzwerk bietet
> 3 Begründete Entwurfsskizzen der geplanten Bildschirmlayouts

4. Präsentieren Sie Ihre Ergebnisse Ihren Mitschülern.

Infotext: Social-Media-Marketing[1]

Social Media: Begriff und Arten

Soziale Medien ist ein Sammelbegriff für Online-Medien und -Technologien, die es Internetnutzern ermöglichen, Informationen (Texte, Fotos, Videos, Audiodateien usw.) zu erstellen, auszutauschen, zu verbreiten und zu bewerten. In erster Annäherung sind zu unterscheiden:

- **Soziale Netzwerke:** Diese ermöglichen die Vernetzung und die Kommunikation mit Gleichgesinnten. Dabei unterscheidet man private Netzwerke (z. B. Facebook, Instagram, Pinterest, TikTok) und berufliche Netzwerke (z. B. LinkedIn, XING).
- **Media-Sharing-Dienste:** Diese erlauben das Teilen von Fotos und Videos (z. B. YouTube, Instagram, TikTok, Twitch, Flickr) und anderen Inhalten wie beispielsweise von Audiodateien.
- **Messenger-Dienste:** Diese ermöglichen die Versendung von Nachrichten einzelner Nutzer untereinander (z. B. WhatsApp, Telegram, Snapchat, Facebook Messenger, Threema).
- **Blogging-Dienste:** Blogs sind digitale Tagebücher, die in der Ich-Perspektive verfasst und publiziert werden. Dabei können die Blogger alle Arten von Themen in einer nach unten offenen Website dokumentieren („bloggen"). Bekannte Blogging-Seiten sind (Google-)Blogger, Tumblr und WordPress.
- **Microblogging-Dienste:** Diese ermöglichen die Versendung von Kurznachrichten an die gesamte Netzcommunity. Damit können Meinungsführer ihre Kernbotschaft in kurzer Zeit verbreiten. Der bekannteste Microblogging-Dienst ist Twitter.
- **Foren/Communities:** Diese dienen dem Austausch von Informationen zu speziellen Themen (z. B. HolidayCheck zu Urlaubsunterkünften, Apfeltalk zu Fragen zu Apple-Produkten).
- **Wikis:** Diese erlauben den Nutzern, ihr Wissen und ihre Erfahrungen gemeinschaftlich zu sammeln und in verständlicher Form zu dokumentieren (z. B. Wikipedia, Wiktionary, Wikileaks).

Eine klare Grenzziehung zwischen diesen Gruppen ist nicht möglich, da sich die technischen Funktionen der einzelnen Plattformen zunehmend überschneiden. Erfolgreiche Funktionen werden gewöhnlich von anderen Plattformen aufgegriffen und integriert.

Chancen und Risiken des Social-Media-Marketing

Da sich die meisten User häufig in den sozialen Medien aufhalten, können die Unternehmen sie dort gut erreichen. Mithilfe der Profildaten (Alter, Geschlecht, Wohnort, Interessen usw.), welche die Nutzer in den sozialen Medien freiwillig eingeben, können die Unternehmen ihre Werbe- und PR-Anzeigen dort nahezu ohne Streuverluste zielgruppengenau schalten. Diese zielgruppengenaue Schaltung, die man als Targeting (engl: target = Ziel) bezeichnet, ist ein unermesslicher Vorteil gegenüber klassischen Werbemaßnahmen, welche seit jeher mit großen Streuverlusten verbunden sind. Außerdem lassen sich mithilfe der Profildaten die Nutzer der sozialen Netzwerke leicht zu Marktsegmenten bündeln (siehe Kapitel C 3 Marktsegmentierung). Soziale Netzwerke erlauben darüber hinaus den Aufbau einer Beziehung zu den Nutzern und sogar dialogische Kommunikationsformen. Da die Nutzer sozialer Medien attraktive Informationen selbstständig und aktiv im Netzwerk weiterleiten, können sich Werbebotschaften in kürzester Zeit sehr weit verbreiten. Diese Art der Informationsverbreitung bezeichnet man als **virales Marketing**, da sie an die Verbreitung biologischer Viren erinnert. Auf diese Weise können die Unternehmen ihre Werbebotschaften mit geringem medialen Aufwand in kürzester Zeit weit über die Landesgrenzen hinaus streuen. Eine Streuung mit hoher Reichweite hat außerdem den Vorteil, dass häufig geteilte Informationen von Suchmaschinen besser platziert werden. Gleichwohl muss sich jedes Unternehmen darüber klar sein, dass es bei einer viralen Kampagne die Kontrolle abgibt und damit der Werbeerfolg in gewissem Maße Glückssache ist. Beispielsweise kann es passieren, dass Videos den Publikumsgeschmack verfehlen und daher nicht weitergeleitet werden. Im ungünstigsten Falle kann eine Kampagne eine völlig ungewollte Richtung nehmen und auch ins Gegenteil umschlagen, ohne dass das Unternehmen diese Entwicklung stoppen kann. Außerdem ist Social-Media-Marketing mit erheblichem Pflegeaufwand verbunden. So müssen die Inhalte dauerhaft durch qualifizierte Fachkräfte an die unterschiedlichen Medien angepasst und aufeinander abgestimmt werden, damit sie nicht veralten, denn die Community ist ständig online und sehr aufmerksam. Doch trotz dieser Risiken verzichtet heute kaum noch ein Unternehmen auf das Social-Media-Marketing. Schließlich profitiert auch die Marktforschung davon: Das reicht von der aktiven Einbeziehung der Zielgruppen in die Produktentwicklung bis hin zur Analyse und Prognose des Konsumverhaltens der Zielgruppen.

---

1 vgl. Ralf T. Kreutzer: Praxisorientiertes Online-Marketing, Springer Gabler, Wiesbaden, 4. Auflage 2021

Inhaltliche Anforderungen an eine Social-Media-Kampagne

In sozialen Netzwerken verfolgen die Nutzer soziale Ziele wie Kommunikation und Zugehörigkeit, aber auch Anerkennung der Gruppe (z. B. durch das Teilen spektakulärer Urlaubsfotos). Werbende Unternehmen dürfen soziale Medien daher nicht als Werbe- oder PR-Plattform und schon gar nicht als „Spam-Schleuder" oder als Verkaufskanal missverstehen. Vielmehr erwarten die Nutzer sozialer Medien unterhaltsame oder nützliche Informationen, die sie dann liken, kommentieren und mit anderen Nutzern teilen können. Entsprechend sollte das Unternehmen in sozialen Netzwerken spannende, lustige oder auch lehrreiche Inhalte liefern und damit seine Kompetenz unter Beweis stellen. Die Inhalte müssen relevant und glaubwürdig sein.

Content-Marketing, Storytelling und Influencer

Die oben genannten Anforderungen führten zur Entwicklung des **Content-Marketings**. Darunter versteht man das Bereitstellen unterhaltsamer und nützlicher Inhalte (engl.: Content) mit dem Ziel, eine bestimmte Zielgruppe zu erreichen, zu binden, zu überzeugen und letztlich zum Kauf eigener Produkte zu motivieren. Das Unternehmen übernimmt hier die Rolle des Experten, des Beraters oder des Entertainers. Damit unterscheidet sich das Content-Marketing vom traditionellen Marketing, welches ohne Umschweife die Vorzüge der Produkte bzw. des Unternehmens in den Mittelpunkt stellt und damit „mit der Tür ins Haus fällt". Für das Content-Marketing werden verbindliche Content-Kalender entwickelt, welche festlegen, wann welche Inhalte von welchen Medien zu publizieren und auch wieder zu löschen sind. Das systematische Ausstreuen von Inhalten im Umfeld der Zielgruppe bezeichnet man als Content Seeding. Dieses soll die Reichweite erhöhen, neue Zielgruppen erschließen und eine bessere Platzierung in Suchmaschinen (SEO, siehe Kompaktwissen) bewirken.

Ein zentrales Element des Content-Marketings ist das **Storytelling**. Es ist eine alte Marketingweisheit, dass sich Produkte besser vermarkten lassen, wenn man eine Geschichte dazu erzählt. Das gilt nicht nur für Kinder und Jugendliche, sondern für alle Zielgruppen. Mit Aufkommen des Content-Marketings in den sozialen Medien hat das Storytelling erheblich an Bedeutung und auch an Schlagkraft gewonnen, denn: Lebendig erzählte Geschichten erzeugen mehr Aufmerksamkeit und mehr Konzentration und vor allem prägen sie sich viel besser ein als leblose Fakten. Storytelling zeichnet sich durch bestimmte Erzählmuster aus und weckt zielgerichtet Emotionen. Häufig drehen sich Storys im Marketing um Menschen, die mit ihrem Produkt etwas Gutes tun wollen, dafür stehen jedoch nur wenige Minuten Zeit zur Verfügung. Erfolgreiches Storytelling bewirkt, dass die Nutzer eine Marke mit einer bestimmten Bedeutung bzw. mit einem bestimmten Sinn verbinden und sich selbst dann auch an diese Marke gebunden fühlen. Voraussetzung ist, dass die Geschichten authentisch sind, also ehrlich und glaubwürdig.

Glaubwürdigkeit und Überzeugungskraft hängen aber nicht nur vom Inhalt der Botschaft ab, sondern auch davon, wer diese Botschaft übermittelt. Aus diesem Grunde werden sogenannte **Influencer** (engl. to influence = beeinflussen) eingeschaltet, welche der Zielgruppe besonders glaubwürdig erscheinen, ein hohes Maß an sozialer Autorität genießen und eine hohe Reichweite im Netz aufgebaut haben.

Social-Media-Strategie

Die Social-Media-Strategie ist das Fundament für eine Social-Media-Kampagne und wird in Theorie und Praxis unterschiedlich ausgelegt und aufgebaut. Sie kann folgendermaßen aussehen:[1]

Schritte einer Social-Media-Strategie	
Schritt	**Inhaltliche Aspekte**
1 Vision formulieren	Warum gibt es uns? Wofür stehen wir?
2 Kunden analysieren	Alter, Geschlecht, Interessen, Probleme, Medienverhalten, Kaufverhalten usw.
3 Situation analysieren	bisherige Social-Media-Aktivitäten, Unternehmensimage, Wettbewerber
4 Kanäle und Ziele festlegen	Auswahl der Netzwerke, Zielpräzisierung (z. B. Anzahl Klicks, Likes)
5 Content planen	Content, Content-Kalender, Storytelling, Einsatz von Influencern
6 Budget festlegen	abhängig von Umfang und Ausgestaltung der Kampagne
7 Kampagne realisieren	To-do-Liste, ggf. Beauftragung einer Agentur
8 Erfolg messen	Soll-Ist-Vergleich der Anzahl der Follower, Likes, Kommentare usw.
9 Strategie anpassen	Korrektur der Werbe- und PR-Maßnahmen

1 in Anlehnung an: Anne Grabs, Elisabeth Vogl, Karim-Patrick Bannour: Follow me!, Rheinwerk, Bonn, 6. Auflage 2021

Bekannte soziale Medien

Facebook ist mit rund 2,5 Mrd. Mitgliedern weltweit das größte soziale Netzwerk. Jedoch hat sich die Altersgruppe nach oben verlagert, die junge Generation hält sich kaum bei Facebook auf. Bei Facebook richten Unternehmen eine Fan-Page ein, um möglichst viele Likes (Klicks auf den „Gefällt-mir-Button“) zu erhalten und mit den Besuchern in Kontakt zu treten (z. B. durch Posts), damit diese die Unternehmensbotschaften teilen.

Instagram ist ein soziales Netzwerk, das seit 2012 zu Facebook gehört und wird vor allem von Jugendlichen genutzt. Instagram ist mit über einer Mrd. Mitgliedern weltweit eine der bekanntesten Plattformen zum Teilen von Fotos und Videos, deren ansprechende Inszenierung, Bewertung und Kommentierung im Mittelpunkt steht. Besonders beliebt sind Instagram-Storys, die nach 24 Stunden automatisch wieder verschwinden.

LinkedIn ist ein beruflich ausgerichtetes Netzwerk mit rund 660 Mio. Mitgliedern und bietet grundsätzlich dieselben Möglichkeiten wie XING in Deutschland (siehe unten). LinkedIn unterscheidet sich von XING vor allem dadurch, dass es weltweit genutzt wird (Sitz und Schwerpunkt liegen in den USA) und so eine deutlich höhere Reichweite erzielt.

Pinterest ist ein soziales Netzwerk mit ca. 300 Mio. Nutzern, welches erlaubt, nützliche Ideen und Anregungen zu unterschiedlichen Themen (z. B. Kochen, Einrichtung, Mode) in Form ansprechender Bilder und Kurzvideos auf einer digitalen Pinnwand anzuheften. Die Bilder/Videos können versendet oder auch von anderen Nutzern übernommen und kommentiert werden. Privatpersonen und Unternehmen können ein Profil anlegen.

Snapchat ist eine Messenger-App für Smartphones und Tablets mit ca. 100 Mio. Mitgliedern und wendet sich an User im Alter von 14 bis 24 Jahren. Bei Snapchat geht es vor allem um kurzweiligen Spaß und Albernheit, ein künstlerisch-ästhetischer Anspruch besteht hier nicht. Mit Snapchat werden Fotos und andere Medien an Freunde verschickt. Sie sind aber nur wenige Sekunden sichtbar, bevor sie automatisch gelöscht werden.

TikTok ist ein soziales Video-Netzwerk mit über eine Mrd. Nutzern und gehört zum chinesischen Konzern ByteDance. Die Nutzer können die Clips aufnehmen, ansehen und bearbeiten (z. B. mit Spezialeffekten und Filtern). TikTok ist bei Usern im Alter von 13 bis 18 Jahren sehr erfolgreich, nicht zuletzt deshalb, weil die spaßigen und unterhaltsamen Videos auf die minimale Aufmerksamkeitsspanne der Zielgruppe abgestimmt sind.

Twitter (engl. Gezwitscher) ist der weltweit bekannteste Microblogging-Dienst. Auf Twitter können die Nutzer auf 280 Zeichen begrenzte Kurznachrichten (Tweets) veröffentlichen, die auch nicht registrierte Nutzer lesen können. Im Vordergrund steht die Verbreitung von Inhalten, nicht die Vernetzung im sozialen Umfeld. Unternehmen nutzen Twitter zur Streuung von Informationen und zur Kommunikation mit ihren Kunden.

WhatsApp ist ein Messenger-Dienst mit über zwei Mrd. Nutzern weltweit, der seit 2014 zu Facebook gehört. WhatsApp erlaubt die Versendung von Textnachrichten, Bildern, Videos, Audionachrichten, Kontaktdaten, Standortdaten und Dokumenten zwischen zwei Personen oder in Gruppen. Unternehmen können mithilfe spezieller Apps ihren Kunden Nachrichten senden oder einen Kundenservice anbieten.

XING ist ein beruflich ausgerichtetes Netzwerk mit rund 19 Mio. Mitgliedern im deutschsprachigen Raum. Hier können sich die User über eine Profilseite selbst präsentieren, berufliche Themen austauschen, ein berufliches Netzwerk aufbauen und sich auch auf Stellen bewerben. Unternehmen nutzen XING für die Suche von Personal und Geschäftspartnern sowie für Werbezwecke.

YouTube gehört seit 2006 zu Google und ist mit rund 2 Mrd. Nutzern aller Altersgruppen das weltweit beliebteste Portal zum Hochladen, Ansehen und Teilen und von Videos. Zentrales Element ist der YouTube-Kanal, über den jeder User nach Anmeldung automatisch verfügt und auf dem Videos gesammelt werden können. Jeder Kanal kann individuell gestaltet und von anderen Usern abonniert werden.

Kompaktwissen

Instrumente der Kommunikationspolitik	
Klassische Werbung	Gezielte Beeinflussung von Menschen im Sinne der Werbeziele (Bekanntheitsgrad, Image, Kaufverhalten usw.) mithilfe von Massenkommunikationsmitteln; dazu werden Werbemittel (z. B. Spots, Anzeigen) entwickelt und in entsprechenden Werbeträgern (z. B. TV, Radio, Zeitschriften) geschaltet.
Onlinekommunikation	• Web 1.0: Unternehmenswebsite, Werbebanner, Anzeigen in Suchmaschinen, Mailings/Newsletter usw. • Web 2.0: soziale Netzwerke, Sharing-Plattformen, Blogs, Communities usw.
Product-Placement	Unauffällige Platzierung des zu bewerbenden Produkts in Videos oder Filmen (Schleichwerbung); dabei steht die Authentizität (Echtheit) des Produktnutzens im Vordergrund. Offiziell ist Product-Placement in der EU verboten, doch die Vielzahl erlaubter Ausnahmen kommt einer Erlaubnis gleich.
Öffentlichkeitsarbeit (Public Relations, PR)	Planmäßiger Aufbau vertrauensvoller Beziehungen zwischen dem Unternehmen und der Öffentlichkeit und eines positiven Unternehmensimages, etwa durch Werksbesichtigungen, Pressekonferenzen, Anzeigen, Geschäftsberichte, Diskussionen, Vorträge.
Sponsoring	Förderung von Personen oder Organisationen durch die Bereitstellung von Geld, Sachmitteln, Dienstleistungen oder Know-how, im Gegenzug wird der Name des Sponsors deutlich kommuniziert (z. B. T-Shirts einer Fußballmannschaft, Shell-Studie); die Grenzen zur PR verlaufend fließend.
Messen und Ausstellungen	Zeitlich begrenzte und wiederkehrende Marktveranstaltung, auf denen Unternehmen sich und ihre Produkte präsentieren können (z. B. Cebit in Hannover); die Messe erlaubt die zielgruppenspezifische und persönliche Ansprache der Kunden; Ausstellungen richten sich an ein allgemeines Publikum.
Verkaufsförderung (Sales Promotion)	Zeitlich befristete Aktionen für Vertriebsmitarbeiter (z. B. Schulungen, Informationsmaterialien, Anreize), Handel (z. B. Schulungen, Displays zur Produktpräsentation) oder Konsumenten (z. B. Preisausschreiben, Produktproben)
Direktkommunikation	Alle Maßnahmen zur Anbahnung und Aufrechterhaltung eines persönlichen Kontakts zu bestimmten Adressaten (z. B. Telefonwerbung, persönlich adressierte Werbesendung, Kundenclubs, Kundenkarten)
Eventmarketing	Erlebnisorientierte Veranstaltungen zur Erhöhung der Bekanntheit oder zum Ausbau eines Images; im Vordergrund steht die Einbeziehung aller Sinne und die Ansprache der Emotionen (z. B. Musikfestivals, Sportveranstaltungen).

AIDA-Formel zur Werbewirkung:

Attention → **Interest** → **Desire** → **Action**

Arten der Werbung	
Werbearten nach Ziel der Werbekampagne	
Einführungswerbung	erstmalige Bekanntmachung des Produkts
Expansionswerbung	Erhöhung von Umsatz und Marktanteil
Erinnerungswerbung	Erhalten des Bekanntheitsgrades
Werbearten nach Zahl der Werbenden	
Alleinwerbung	Ein Unternehmen wirbt für seine Produkte.
Kollektivwerbung	Mehrere Unternehmen werben gemeinsam für ihre Produkte: • Sammelwerbung: Die Unternehmen werden namentlich genannt. • Gemeinschaftswerbung: Die Unternehmen bleiben anonym.
Werbearten nach Technik der Beeinflussung	
Informative Werbung	Der Empfänger wird sachlich informiert.
Suggestive Werbung	Der Empfänger wird manipulativ beeinflusst.
Werbearten nach Werbebudgetierung	
Zyklische Werbung	Mit zunehmendem Umsatz steigen die Werbeausgaben.
Antizyklische Werbung	Mit zunehmendem Umsatz sinken die Werbeausgaben.

Corporate Identity (CI)

Unverwechselbare Identität durch einheitliche Erscheinung nach außen

- **Corporate Design**: Einheitliche Verwendung von Gestaltungselementen (Farben, Logos, Schriftzüge usw.)
- **Corporate Behavior**: Einheitliche Verhaltensvorgaben zum Umgang mit Kunden, Mitarbeitern usw.

Inhalte des Werbeplans	
Situationsanalyse	Wie positionieren sich das Unternehmen und die Wettbewerber?
Werbeobjekt	Wofür wird geworben?
Streukreis	Welche Zielgruppe soll beworben werden?
Werbebudget	Wie viel Geld steht für die Werbung zur Verfügung?
Werbeziele	Was genau soll mit der Werbung erreicht werden?
Werbebotschaft	Welche Information soll die Empfänger erreichen?
Streugebiet	Wo soll überall geworben werden?
Streuweg	Welche Werbemittel sollen in welchen Werbeträgern geschaltet werden?
Reichweite	Wie viele Personen sollen erreicht werden?
Streuzeit	Wie oft und wie lange soll geworben werden?

Kompakt Spezial: Online-Kommunikation[1]	
Unternehmens-Website	Die Website eines Unternehmens stellt den Kern bzw. das Zentrum des Online-Marketings dar. Sie dient der Werbung neuer Kunden und der Kundenbindung und kann als „Online-Visitenkarte" des Unternehmens betrachtet werden. Sie ist kombinierbar mit einem Webshop (Online-Shop), einem Produkt-Konfigurator (z. B. Konfiguration eines Automobils), einer Händlersuche sowie einem geschlossenen Bereich für bestimmte Nutzergruppen (z. B. Händler). Im modernen Online-Marketing ist die Website ein wichtiger Baustein im Zusammenspiel mit anderen Instrumenten der Online-Kommunikation, insbesondere den sozialen Medien.
Online-Werbung und Online-PR	Online-Werbung und Online-PR (z. B. Banner, Videos) werden im Internet geschaltet und haben gegenüber klassischer Werbung/PR vor allem folgende Vorteile: geringe Einstiegskosten, präzise Zielgruppenansprache (engl. targeting), hohe Reichweite, hohe Verfügbarkeit (24/7), hohe Flexibilität (Möglichkeit kurzfristiger Änderungen) sowie Möglichkeit des Dialogs. Beim **Affiliate Marketing** darf das werbende Unternehmen seine Werbeanzeigen (z. B. Werbebanner, Links) auf Websites von Partnerunternehmen („Affiliates") einbinden. Ziel ist es, die Reichweite mithilfe der Websites des Affiliates zu erhöhen. Grundlage ist ein Vertrag, der in der Regel eine Provision für das Partnerunternehmen vorsieht. Bezahlt werden können Klicks oder Verkaufsabschlüsse.
Social-Media-Marketing	Zu den Social Media gehören soziale Netzwerke, Media-Sharing-, Messenger-, Blogging- und Microblogging-Dienste sowie Foren/Communities und Wikis. Unter Social-Media-Marketing versteht man das Erregen von Aufmerksamkeit, die Förderung von Markenbekanntheit, den Aufbau eines Markenimages, den Dialog mit den Nutzern, das Anregen der Nutzer zum Teilen von Inhalten und die Bindung der Nutzer an das Unternehmen. Da die Nutzer in den sozialen Medien vorrangig unterhaltsame und nützliche Informationen erwarten, spielt das **Content-Marketing** und das Storytelling hier eine zentrale Rolle. Zur Erhöhung der Glaubwürdigkeit werden vielfach **Influencer** eingeschaltet. Erreicht eine Werbebotschaft in kurzer Zeit viele Nutzer über das Netzwerk, so spricht man von **viralem Marketing**.
Suchmaschinenoptimierung (SEO)	Suchmaschinenoptimierung (engl.: search engine optimization, **SEO**) ist ein Sammelbegriff für alle Maßnahmen zur besseren Platzierung der eigenen Online-Inhalte in Suchmaschinen (z. B. durch Keywords in der eigenen Website, welche vom Algorithmus der Suchmaschinen gefunden werden). Suchmaschinenoptimierung bezieht sich auf die „organische" Suche, also die unentgeltliche bzw. werbefreie Suche. Sie ist nicht zu verwechseln mit bezahlter Suchmaschinenwerbung (engl: search engine advertising, **SEA**), bei der das Unternehmen die Treffer bezahlt.
Mobile Marketing	Mobile Marketing ist ein Sammelbegriff für alle Marketingmaßnahmen zur gezielten Verhaltensbeeinflussung des Kunden über sein mobiles digitales Endgerät. Mobile Marketing erlaubt die mobile Übermittlung von Informationen, die mobile Gewinnung von Informationen (z. B. Erforschung des Kundenverhaltens) und den mobilen Verkauf der eigenen Produkte. Beispiele sind SMS, Online-Werbung, Online-Shops, Umfragen, Gewinnspiele. Dabei spielen unternehmenseigene Applikationen (z. B. Shazam-App, Uber-App, Booking.com-App, H&M-App, Bahn-App) eine zunehmende Rolle, da sie nützliche Funktionen bereitstellen können.
E-Mail-Marketing	E-Mail-Marketing ist der Klassiker der Online-Kommunikation und auch in Zeiten von Social-Media von großer Bedeutung. E-Mails eignen sich in erster Linie zur persönlichen Kontaktaufnahme, zur Klärung von Fragen, zur Erbringung von Serviceleistungen, zur Einholung von Feedback sowie zum Aufbau einer dauerhaften Kundenbindung (z. B. durch regelmäßige Newsletter).

1 in Anlehnung an: Ralf T. Kreutzer: Praxisorientiertes Online-Marketing, Springer Gabler, Wiesbaden, 4. Auflage 2021

Vertiefungsaufgaben

1. Ordnen Sie den nachfolgend aufgelisteten Maßnahmen der Kommunikationspolitik die richtigen Fachbegriffe der Kommunikationspolitik zu:

Fall	Kommunikationspolitische Maßnahme	Fachbegriff
a)	Eine Brauerei stattet den ortsansässigen Handballverein mit Sportkleidung aus. Im Gegenzug darf sie ihr Logo auf die Shirts drucken.	
b)	James Bond trinkt in seinem neuesten Film eine Coca-Cola, während sein Auftraggeber ihm das Ziel seiner Mission erläutert.	
c)	Ein Lotterieunternehmen versendet landesweit persönlich adressierte Werbebriefe, in denen es auf erhebliche Gewinnchancen hinweist.	
d)	Eine Versicherung schult ihre Außendienstmitarbeiter zu mehreren neuen Produkten, vor allem zu einer Kapitallebensversicherung.	
e)	Ein Gebrauchtwagenhändler stellt in der Samstagsanzeige der regionalen Tageszeitung seine bislang erfolglosen Modelle vor.	
f)	Ein Unternehmen der chemischen Industrie weist in vierfarbigen Anzeigen auf die Umweltfreundlichkeit seiner Produktion hin.	
g)	Ein Softwarehersteller präsentiert auf der CeBit in Hannover ein neues Warenwirtschaftsprogramm.	
h)	Ein Versicherungsunternehmen meldet sich telefonisch bei allen kaufmännischen Auszubildenden.	
i)	Ein Schokoladenhersteller baut in einer Supermarktkette farbige Displays zur optimalen Präsentation seiner Schokoriegel mit Fruchtfüllung auf.	
j)	Ein Handyhersteller erläutert in einer Pressekonferenz seine zukünftige internationale Marketingstrategie.	

2. Nennen Sie Ihnen bekannte Beispiele für Alleinwerbung, Sammelwerbung und Gemeinschaftswerbung.

3. Product-Placement ist ein erfolgreiches Instrument der Kommunikationspolitik. Machen Sie Vorschläge, in welcher TV-Serie Careli die Handtasche „Elena“ (Zielgruppe sind Frauen ab 25 Jahren) erfolgreich platzieren könnte. Diskutieren Sie außerdem, welche Serie in welchem TV-Kanal Careli wählen sollte.

4. Erläutern Sie die AIDA-Formel (Kompaktwissen) am Beispiel der Schwäbisch-Hall Werbung (S. 93).

5. Warum werben einige Unternehmen in der Praxis zyklisch und andere antizyklisch? Stellen Sie plausible Vermutungen an.

6. Diskutieren Sie die These: „Werbung kann uns alle manipulieren.“

7. Welches Instrument der Online-Kommunikation liegt in folgenden Fällen vor?

a)	Einbindung eines Links zu einer Waschstraße auf der Website eines Hamburger Automobilhändlers (alle Marken)	
b)	Eine Internetbank versendet einen wöchentlichen Newsletter an alle Kunden.	
c)	Eine junge Influencerin bewirbt neue Kosmetikprodukte.	
d)	Eine Versicherung sorgt dafür, dass sie bei Google leicht gefunden wird, ohne dafür zu bezahlen zu müssen.	
e)	Ein Getränkehersteller setzt auf virales Marketing.	
f)	Mithilfe der Booking-App können Reisende alle Hotels einer Stadt finden, ansehen und kontaktieren.	

I Marketingcontrolling

Praxisfall „Careli GmbH“

1 Ermitteln und Analysieren des Betriebserfolgs

Am Ende des Geschäftsjahres soll der gesamte Betriebserfolg (über alle Produktgruppen) erfasst und eine Abweichungsanalyse vorgenommen werden.

ARBEITSAUFTRÄGE

1. Ermitteln Sie alle fehlenden Größen in nachfolgender Tabelle und tragen Sie diese in die leeren Felder ein. Alle Prozentangaben sollen auf eine Nachkommastelle gerundet werden.

	business			traveller			female		
	Soll (Mio. €)	Ist (Mio. €)	Abweichung (%)	Soll (Mio. €)	Ist (Mio. €)	Abweichung (%)	Soll (Mio. €)	Ist (Mio. €)	Abweichung (%)
Umsatz	12	14,9		26	28,8		32	33,8	
Kosten	9	11,5		24	27,5		28	29,5	
Gewinn/ Verlust									

	outdoor			young-line			Gesamt		
	Soll (Mio. €)	Ist (Mio. €)	Abweichung (%)	Soll (Mio. €)	Ist (Mio. €)	Abweichung (%)	Soll (Mio. €)	Ist (Mio. €)	Abweichung (%)
Umsatz	10	4,8		2,5	2,9				
Kosten	8	4,5		5	4,7				
Gewinn/ Verlust									

2. Stellen Sie in aussagefähigen Diagrammen folgende Soll-Ist-Vergleiche zu Erfolgsgrößen der Careli GmbH im abgelaufenen Geschäftsjahr dar:

   a) Gesamtumsatz
   b) Gesamtgewinn
   c) Umsatz der einzelnen Produktgruppen
   d) Gewinn/Verlust der einzelnen Produktgruppen

3. Interpretieren Sie die Diagramme und versuchen Sie, Ursachen zu erklären.

2 Ermitteln und Analysieren des Werbeerfolgs

In einem zweiten Schritt soll nun auch der Erfolg der Werbemaßnahmen der Careli GmbH kontrolliert werden. Dem Marketing-Controlling liegen dazu nachfolgende Zahlen vor, der Umsatz ist der Betriebsergebnisrechnung (Seite 114) zu entnehmen. Das Werbebudget wurde vollständig aufgebraucht.

Controllingdaten Werbeerfolg (Ist-Werte Geschäftsjahr)	
Anzahl potenzieller Kunden in Deutschland:	45.000.000
Gesamtkosten aller Werbemaßnahmen (€):	3.250.000
Kosten aller Anzeigenkampagnen in verschiedenen Zeitschriften (€):	900.000
Anzahl der erreichten Zeitschriftenleser:	37.500.000
Anzahl potenzieller Kunden, die die Marke Careli kennen:	26.500.000
Durch Werbung erzielter Umsatzzuwachs (€):	4.500.000
Anzahl der potenziellen Kunden, welche die Marke Careli mit dem gewünschten Image verbinden:	19.000.000

ARBEITSAUFTRÄGE

1. Ermitteln Sie mithilfe des Kompaktwissens auf Seite 118 für das abgelaufene Geschäftsjahr die Ist-Werte sowie die zugehörigen Soll-Ist-Abweichungen nachfolgender Werbekennzahlen der Careli GmbH und analysieren Sie Ihre Ergebnisse.

Werbeerfolgskontrolle Careli GmbH: Geschäftsjahr			
Kennzahl	**Soll-Werte**	**Ist-Werte**	**Abweichung in %**
Ökonomischer Werbeerfolg			
Werbegewinn (€)	1.500.000		
Werberendite (%)	140		
Tausenderpreis (Anzeigenkampagne, €)	22		
Werbebudgetquote (%)	3		
Psychologischer Werbeerfolg			
Bekanntheitsgrad (%)	65		
Imageerfolg (%)	80		

2. Diskutieren Sie kritisch die Werbekennzahlen „Werbegewinn“ und „Werberendite“.

3 Ermitteln und Analysieren von Deckungsbeiträgen

Schließlich sollen die Deckungsbeiträge der neuen Produktgruppe der Careli GmbH berechnet und analysiert werden. Dem Marketing-Controlling liegen folgende Zahlen vor:

Soll-Ist-Abweichungen: Deckungsbeiträge „young-line“				
	Quartal I	**Quartal II**	**Quartal III**	**Quartal IV**
Umsatz (Tsd. €)	0	0	1.100	1.800
Variable Kosten (Tsd. €)	0	0	957	1.566
Ist-Deckungsbeitrag (Tsd. €)	0	0		
Ist-Deckungsbeitrag (%)	0	0		
Soll-Deckungsbeitrag (%)	0	0	12,0	15,0
Soll-Ist-Abweichung (%)	0	0		

ARBEITSAUFTRÄGE

Bitte bearbeiten Sie die Arbeitsaufträge mithilfe des Kompaktwissens auf Seite 118.

1. Ermitteln Sie alle fehlenden Größen und tragen Sie diese in die Tabelle ein. Alle Prozentangaben sollen auf eine Nachkommastelle gerundet werden.

2. Stellen Sie nachfolgende Größen in aussagefähigen Diagrammen dar:

   a) Ist-Deckungsbeiträge pro Quartal (in Tsd. €)
   b) Umsatz und variable Kosten pro Quartal (in Tsd. €)
   c) Soll-Ist-Abweichungen der Deckungsbeiträge pro Quartal (in Prozent)

3. Interpretieren Sie Ihre Ergebnisse und erklären Sie mögliche Ursachen.

4 Ermitteln und Analysieren des E-Commerce-Erfolgs

Dem Marketing-Controlling liegen folgende Daten zum neuen Onlineshop vor:

Onlineshop-Analyse	Okt	Nov	Dez
Anzahl Besucher des Onlineshops	30.400	111.600	196.900
Anzahl Besucher, die nur eine einzelne Seite aufgerufen haben	12.160	46.872	45.287
Verweildauer (Sekunden)	24	20	68
Anzahl Bestellungen (Stück)	380	1.240	3.580
Onlineshop-Umsatz (E-Commerce-Umsatz) in €	32.300	136.400	501.200
Retouren (€)	646	5.456	15.036

Der Gesamtumsatz der Careli GmbH über alle Vertriebskanäle belief sich im Oktober auf 6,1 Mio. €, im November auf 6,3 Mio. € und im Dezember auf 7,8 Mio. €.

ARBEITSAUFTRAG

Ermitteln Sie mithilfe des Kompaktwissens (Seite 119) die nachfolgenden E-Commerce-Kennzahlen für das vierte Quartal und erläutern Sie die Situation. Runden Sie alle Prozentwerte auf eine Nachkommastelle.

E-Commerce-Kennzahl	Quartal 4		
	Soll	Ist	Abweichung (%)
E-Commerce-Anteil (%)	5,0		
Anzahl Besucher (Unique Visitors)	200.000		
Verweildauer (Sekunden)	50,0		
Absprungrate (Bounce Rate) (%)	25,0		
Conversion-Rate (%)	2,0		
Warenkorbwert (€)	120,00		
Retourenquote (%)	5,0		

Kompaktwissen

Abweichungsanalysen (Erfolgskontrollen)

- **Soll-Kennzahlen** (Planwerte)
- **Ist-Kennzahlen** (tatsächliche Werte)

Absolute Kennzahlen	
Umsatz (€)	Preis · Absatzmenge
Kosten (€)	fixe Kosten + variable Kosten
Gewinn/Verlust (€)	Umsatz – Kosten
Deckungsbeitrag (€)	Umsatz – variable Kosten
Werbegewinn (€)	werbebedingter Mehrumsatz – Werbekosten

Relative Kennzahlen	
Marktanteil (%)	$\frac{\text{eigener Umsatz} \cdot 100}{\text{Marktvolumen in €}}$ oder $\frac{\text{eigener Absatz} \cdot 100}{\text{Gesamtabsatz in Stück}}$
Reklamationsquote (%)	$\frac{\text{Anzahl Reklamationen} \cdot 100}{\text{Anzahl Aufträge}}$
Werberendite (%)	$\frac{\text{werbebedingter Umsatzzuwachs} \cdot 100}{\text{Werbekosten}}$
Tausenderpreis[1] (€)	$\frac{\text{Kosten des Werbemediums} \cdot 1.000}{\text{Anzahl der erreichten Personen}}$
Werbebudgetquote (%)	$\frac{\text{Höhe des Werbebudgets} \cdot 100}{\text{Umsatz}}$
Bekanntheitsgrad (%)	$\frac{\text{Anzahl potenzieller Kunden, die das Produkt kennen} \cdot 100}{\text{Anzahl potenzieller Kunden}}$
Imageerfolg (%)	$\frac{\text{Anzahl der Kunden, die das Produkt mit dem geplanten Image verbinden} \cdot 100}{\text{Anzahl der Kunden, die das Produkt kennen}}$
Distributionsquote (%)	$\frac{\text{Anzahl der Einkaufsorte, die das Produkt anbieten} \cdot 100}{\text{Anzahl der Einkaufsorte, die das Produkt anbieten könnten}}$
E-Commerce-Anteil (%)	$\frac{\text{E-Commerce-Umsatz} \cdot 100}{\text{Gesamtumsatz}}$
Deckungsbeitrag (%)	$\frac{\text{Deckungsbeitrag} \cdot 100}{\text{Umsatz}}$

1 Kosten zur Erreichung von 1.000 Personen

Kompaktwissen Spezial: Online-Marketing-Kennzahlen	
E-Commerce-Kennzahlen	
Anzahl Besuche	Anzahl der Onlineshop-Besuche (Visits, Traffic) innerhalb eines bestimmten Zeitraums (Monat, Quartal, Jahr)[1]
Anzahl Besucher	Anzahl der Personen (Unique Visitors), die den Onlineshop innerhalb eines bestimmten Zeitraums (Monat, Quartal, Jahr) aufrufen
Verweildauer (Sek.)	Zeitraum, den die Besucher je Besuch durchschnittlich im Onlineshop verweilen
Conversion-Rate[2] (%)	$\frac{\text{Anzahl Bestellungen} \cdot 100}{\text{Anzahl Besucher}}$
Warenkorbwert (€)	$\frac{\text{Umsatz}}{\text{Anzahl der Bestellungen}}$
Retourenquote (%)	$\frac{\text{Geldwert der Retouren} \cdot 100}{\text{Gesamtumsatz Onlineshop}}$
Wiederkaufrate (%)	$\frac{\text{Anzahl Wiederkäufer} \cdot 100}{\text{Anzahl Gesamtkunden}}$
Absprungrate (%) (Bounce-Rate)[3]	$\frac{\text{Anzahl Besucher mit nur einem einzigen Seitenaufruf} \cdot 100}{\text{Anzahl Besucher}}$
E-Commerce-Anteil (%)	$\frac{\text{E Commerce Umsatz} \cdot 100}{\text{Gesamtumsatz des Unternehmens}}$
Social-Media-Kennzahlen	
Reichweite	Anzahl der Nutzer/Follower, die mit einem Beitrag (Post) erreicht wurden
Impressionen	Anzahl der Male, wie oft ein Beitrag von Nutzern/Followern gesehen wurde
Klickrate (CTR)[4]	$\frac{\text{Anzahl der Klicks} \cdot 100}{\text{Anzahl der Impressionen}}$
Engagement	Anzahl der Interaktionen (Klicks, Beiträge, Likes, Shares, Kommentare)
Engagement-Rate (%)	$\frac{\text{Anzahl der Interaktionen je Beitrag} \cdot 100}{\text{Anzahl eigener Follower}}$
Community-Wachstumsrate (%)	$\frac{\text{Anzahl neue Follower} \cdot 100}{\text{Gesamtzahl eigener Follower}}$
Amplification-Rate (%)	$\frac{\text{Anzahl Shares/Retweets/Repins} \cdot 100}{\text{Anzahl eigener Follower}}$
Customer Aquisition Cost (€)	$\frac{\text{Marketing- und Vertriebskosten}}{\text{Anzahl Neukunden}}$

1 Die Anzahl der Besuche ist unabhängig davon, wie viele Unterseiten der Website bzw. des Onlineshops aufgerufen werden.
2 Conversion (engl.: Umwandlung), die Conversion-Rate wird in der Praxis sehr weit ausgelegt und entsprechend unterschiedlich definiert.
3 Dabei wird nur eine einzige (Unter-)Seite besucht und ohne Aktion (z. B. Kauf, Registrierung, Abonnement eines Newsletters) wieder verlassen. Alternativ kann die Absprungrate auch als geringe Besuchsdauer (z. B. unter 10 Sekunden) definiert werden.
4 CTR steht für *Click-Through-Rate*

Vertiefungsaufgaben

1. Ordnen Sie nachfolgende Kennzahlen durch Ankreuzen zu:

Kennzahl		Produktpolitik	Preispolitik	Distributionspolitik	Kommunikationspolitik
a)	Distributionsquote				
b)	Reklamationsquote				
c)	Bekanntheitsgrad				
d)	E-Commerce-Umsatzanteil				
e)	Stückdeckungsbeitrag				
f)	Tausenderpreis				

2. Ermitteln Sie folgende Kennzahlen der Sanapharm KG. Gehen Sie davon aus, dass das Werbebudget vollständig aufgebraucht wurde.

Controllingdaten	Duschöl	Duschgel
Marktvolumen	14.500.000,00 €	65.000.000,00 €
Umsatz	1.253.400,00 €	2.350.000,00 €
davon durch Werbung erwirtschaftet	315.000,00 €	450.000,00 €
Gesamtkosten	895.000,00 €	1.950.000,00 €
davon durch Werbung verursacht	235.000,00 €	450.000,00 €
variabler Anteil an Gesamtkosten	60,00 %	55,00 %
Kosten TV-Spots	125.000,00 €	320.000,00 €
Kosten Anzeigenkampagne	110.000,00 €	130.000,00 €
Reichweite TV-Spot	6.500.000	22.000.000
Reichweite Anzeigenkampagne	1.600.000	2.200.000
Kennzahlen		
Marktanteil (%)		
Gewinn (€)		
Gesamtdeckungsbeitrag (€)		
Gesamtdeckungsbeitrag (%)		
Tausenderpreis für die TV-Kampagne (€)		
Tausenderpreis für die Anzeigenkampagne (€)		
Werbegewinn (€)		
Werbebudgetquote (%)		
Werberendite (%)		

J Glossar

Absatz, abverkaufte Stückzahl eines Produkts in einer Periode (Tag, Monat, Jahr)

Absatzkanal, ⇒Absatzweg

Absatzorgane, Personen bzw. Organisationen, die das Produkt vom Hersteller bis zum Endverbraucher übermitteln

Absatzweg, *Absatzkanal*, Personen bzw. Organisationen, über die das Produkt vom Hersteller bis zum Endverbraucher gelangt. Man unterscheidet ⇒direkten Absatz und ⇒indirekten Absatz.

Abschlussprovision, ⇒*Provision*

Abschöpfungsstrategie, ⇒Skimmingstrategie

AGB, *allgemeine Geschäftsbedingungen*, vorformulierte, allgemeingültige Vertragsbedingungen (⇒Konditionen), die ein Unternehmen allen Kaufverträgen zugrunde legt

Akquisition, (*lat.: Anschaffung*), Kundenanwerbung

antizyklische Werbung, verstärkter Werbeaufwand bei geringem Unternehmensumsatz. Gegenteil: ⇒zyklische Werbung

B2B, „Business-to-Business", Handelsbeziehung unter Kaufleuten, vor allem im ⇒E-Commerce

B2C, „Business-to-Consumer", Handelsbeziehung zwischen Kaufmann und Endverbraucher, vor allem im ⇒ E-Commerce

Branding, ⇒Markierung

Break-even-Point, *Gewinnschwelle*, Absatzmenge eines Produkts, bei der die Summe der Produkterlöse identisch mit der Summe der Produktkosten ist. In diesem Punkt decken die ⇒Deckungsbeiträge exakt die ⇒fixen Kosten.

CI, ⇒Corporate Identity

Corporate Identity, *CI*, Unternehmensstrategie, die ein einheitliches Erscheinungsbild des Unternehmens nach innen und außen verfolgt, etwa durch einheitliche Gestaltungselemente (Corporate Design), einheitliche Verhaltensregeln (Corporate Behavior) oder durch eine einheitliche Unternehmenskommunikation nach innen und nach außen (Corporate Communication)

CRM, ⇒Customer-Relationship-Management

Customer-Relationship-Management (CRM), *Kundenbeziehungsmanagement*, Sammelbegriff aller strategischen Maßnahmen zur systematischen Bindung der Kunden an das Unternehmen

Deckungsbeitrag, Differenz aus Erlösen und variablen Kosten eines Produkts, ausgedrückt in Euro oder in Prozent vom Erlös. Man unterscheidet den Stückdeckungsbeitrag (db) und den Gesamtdeckungsbeitrag (DB).

Delkredereprovision, ⇒Provision eines ⇒Handelsvertreters, welcher das Risiko des Zahlungseingangs übernimmt

direkter Absatz, Verkauf der Produkte durch ausschließlich unternehmenseigene Mitarbeiter oder Organisationen. Gegenteil: ⇒indirekter Absatz

Direktmarketing, Verkauf ohne die Einschaltung von Außendienstmitarbeitern oder des Handels. Dazu nimmt das Marketing direkt Kontakt mit dem Kunden über Telefon, Internet oder per Zusendung von Infobriefen, Prospekten oder Katalogen auf.

Display, auffällige Form der Warenpräsentation im Handel, i. d. R. vom Hersteller bereitgestellt, z. B. farblich auf das Produkt abgestimmte Pappbehälter

Distributionspolitik, alle Entscheidungen und Maßnahmen, die den Weg des Produkts vom Hersteller bis zum Endverbraucher betreffen, d. h. die Wahl der ⇒Absatzorgane bzw. Absatzwege und die Gestaltung der ⇒Marketinglogistik

Diversifikation, Aufnahme neuartiger Produkte für neue Märkte in das ⇒ Programm bzw. ⇒ Sortiment

E-Commerce, elektronischer Handel, der über das Internet abgewickelt wird. Dazu richtet der Anbieter einen ⇒Webshop ein.

Einzelhandel, ⇒Handelsbetrieb, der beim ⇒Großhandel einkauft und an den Endverbraucher verkauft. Einzelhandelsketten kaufen über eigene Einkaufszentralen ein.

Eliminierung, Aussonderung eines Produkts aus dem ⇒Programm bzw. ⇒Sortiment

Factory-Outlet-Center (*FOC*), Fabrikverkauf ermäßigter Markenprodukte in herstellereigenen Einkaufszentren. Zu diesem Zweck schließen sich mehrere Markenhersteller zusammen und verkaufen direkt an die Endverbraucher.

fixe Kosten, *„feste Kosten"*, Kosten, deren Höhe von der Ausbringungsmenge unabhängig ist

Fixum, fester, umsatzunabhängiger Vergütungsanteil bei ⇒Reisenden

Franchising, indirekter Absatzweg, bei dem der Franchisenehmer mit einem Franchisegeber einen Lizenzvertrag abschließt, sodass der Franchisenehmer bestimmte Leistungen (z. B. Werbung, Produkte, Produktionsverfahren) des Franchisegebers nutzen darf

Gemeinschaftswerbung, kollektive Werbung, bei der die einzelnen werbenden Betriebe anonym bleiben

Großhandel, ⇒Handelsbetrieb, der Waren in großen Mengen beim Hersteller kauft, um diese in den verschiedenen Regionen an den ⇒Einzelhandel zu verkaufen

Handelsbetriebe, Überbegriff für ⇒Groß- und ⇒Einzelhandelsbetriebe

Handelsmakler, ein nach HGB selbstständiger Gewerbetreibender, der von Fall zu Fall die Vermittlung von Verträgen übernimmt. Er arbeitet in fremdem Namen und für fremde Rechnung und erhält dafür eine Courtage.

Handelsvertreter, ein nach HGB selbstständiger Gewerbetreibender, der ständig für ein oder mehrere Unternehmen Geschäfte vermittelt oder abschließt. Er arbeitet in fremdem Namen und für fremde Rechnung und erhält dafür eine ⇒Provision.

Handlungsreisender, ⇒Reisender

Image, Bild bzw. Gesamteindruck, das/den ein Konsument von einem Unternehmen (Unternehmensimage), einem Produkt (Produktimage) oder einer Marke (Markenimage) hat

indirekter Absatz, Verkauf der Produkte über rechtlich selbstständige Personen oder Organisationen, vor allem Handelsbetriebe. Gegenteil: ⇒direkter Absatz

Ist-Wert, ⇒Soll-Ist-Vergleich

Just-in-time-Lieferung, das Unternehmen lässt sich lediglich die für die Weiterverarbeitung bzw. den Weiterverkauf erforderliche Menge zum spätestmöglichen Zeitpunkt liefern und verzichtet damit auf eine Vorratslagerhaltung.

Käufermarkt, Markt, in dem das Angebot größer ist als die Nachfrage. Gegenteil: ⇒Verkäufermarkt.

Kommissionär, selbstständiger Kaufmann, der seine Geschäfte im eigenen Namen, aber für fremde Rechnung tätigt, d. h., er wird nicht Eigentümer der Ware und kann unverkaufte Ware dem Hersteller (Kommittent) zurückgeben.

Kommunikationspolitik, alle Entscheidungen und Maßnahmen rund um die Ansprache der Kunden, vor allem in Form von ⇒Werbung

Konditionen (*lat.: Bedingungen*), Vertragsbedingungen des Lieferanten, vor allem zu Lieferung und Zahlung, üblicherweise in den ⇒AGB enthalten

Kreativitätstechniken, systematische Techniken zur Optimierung der Kreativität eines Teams zur Produktentwicklung oder Namensfindung. Beispiele: Brainstorming, Mind-Mapping, 6-3-5-Methode

Lizenz (*lat.: Genehmigung*), Recht, einen Lizenzgegenstand (z. B. Marke, Patent, Know-How) gegen eine Lizenzgebühr gewerblich zu verwerten

Logistik, ⇒Marketinglogistik

Marke, ein in der Gedankenwelt des Konsumenten verankertes unverwechselbares Vorstellungsbild von einem Produkt, im juristischen Sinne: Zeichen zur Unterscheidung von Waren und Dienstleistungen

Markenpositionierung, ⇒Positionierung

Marketing (*engl.: auf den Markt bringen*), i. e. S.: Vermarktung von Produkten und Dienstleistungen; i. w. S.: konsequente markt- und kundenorientierte Unternehmensführung. Teilgebiete: ⇒strategisches Marketing, ⇒operatives Marketing, ⇒Marktforschung, ⇒Marketing-Controlling

Marketing-Controlling, Teilgebiet des Marketings, welches sicherstellt, dass alle Marketingmaßnahmen effektiv und effizient sind. Eine wichtige Rolle spielen dabei ⇒ Soll-Ist-Vergleiche.

Marketinginstrumente, alle Entscheidungen und Maßnahmen der ⇒Produkt-, ⇒Preis-, ⇒Distributions- und ⇒Kommunikationspolitik

Marketinglogistik, Teilbereich der Distributionspolitik, der die „physische Distribution" (Lagerung und Transport der Fertigware zum Kunden) zum Gegenstand hat

Marketing-Mix, aufeinander abgestimmte Kombination der einzelnen ⇒Marketinginstrumente

Marketingstrategie, langfristig geplanter Weg zur Erreichung von ⇒ Marketingzielen, den das ⇒operative Marketing zu gehen hat

Marketingziele, Ziele, die der Marketingabteilung zu Beginn einer Periode vorgegeben werden, z. B. Umsatz-, Gewinn-, Marktanteils-, Imageziele

Markierung (engl.: „Branding"), Vergeben einer ⇒ Marke für ein oder mehrere Produkte wie auch für das gesamte Unternehmen

Markt, *1. im Marketing*: Summe aus tatsächlichen und potenziellen Nachfragern nach einem Produkt oder einer

Produktgruppe. Dabei unterscheidet man Konsumgütermärkte, bei denen die Endverbraucher als Nachfrager auftreten, und Investitionsgütermärkte, bei denen Unternehmen als Nachfrager auftreten (siehe auch: ⇒Marktabgrenzung). *2. in der Volkswirtschaft*: Zusammentreffen von Angebot und Nachfrage, was zur Preisbildung führt

Marktabgrenzung, sachliche, räumliche oder zeitliche Eingrenzung des betrachteten Marktes

Marktanalyse, Erforschung eines Marktes zu einem Zeitpunkt

Marktanteil, prozentualer Anteil am ⇒Marktvolumen, der auf das betrachtete Unternehmen entfällt

Marktbeobachtung, Erforschung eines Marktes über einen längeren Zeitraum

Marktforschung, systematische Erforschung der Kundenwünsche und der Wettbewerbssituation

Marktpotenzial, der insgesamt maximal mögliche Umsatz (ggf. Absatz), der mit einem Produkt in einer Periode auf einem Markt erwirtschaftet werden könnte. Es stellt damit die theoretische Obergrenze des ⇒Marktvolumens dar.

Marktprognose, Vorhersage zukünftiger Marktentwicklungen auf Grundlage der ⇒Marktanalyse und der ⇒Marktbeobachtung

Marktsegment, hinsichtlich der Kundenanforderungen homogener Teilmarkt eines heterogenen Gesamtmarktes

Marktsegmentierung, Zerlegen eines heterogenen Gesamtmarktes in homogene Teilmärkte mit der Absicht, sich auf diese zu spezialisieren

Marktvolumen, der mit den Endverbrauchern tatsächlich erwirtschaftete Gesamtumsatz (bzw. -absatz) aller Anbieter eines Produktes auf einem Markt

Mediaplan, *Werbeträgerplan*, kalendermäßige Planung der Schaltung von ⇒Werbung in den einzelnen, zielgruppenspezifischen ⇒Werbeträgern

Nachfragekurve, Kurve, die die Abhängigkeit der Nachfrage vom Preis eines Gutes auf einem Markt darstellt

Niederlassung, ⇒Verkaufsniederlassung

Öffentlichkeitsarbeit, ⇒Public Relations

operatives Marketing, Tagesgeschäft des Marketings, alltäglicher konkreter Einsatz der ⇒Marketinginstrumente zur Umsetzung der ⇒ Marketingstrategien

Patent, ein durch das Patentamt verliehenes ausschließliches Recht zur Benutzung und gewerblichen Verwertung einer Erfindung

Penetrationspreisstrategie, Preisstrategie, bei der ein Preis zunächst gering angesetzt und später angehoben wird

Portfolioanalyse, Instrument des strategischen ⇒Marketing-Controllings, um Chancen und Risiken der verschiedenen Marktaktivitäten (Produkte, Produktgruppen) eines Unternehmens auf unterschiedlichen Märkten übersichtlich darzustellen

Positionierung, Strategie der Verankerung eines einzigartigen Verkaufsvorteils (⇒USP) eines Produkts bzw. Anbieters gegenüber der Konkurrenz in der Gedankenwelt der Kunden

Preisabsatzfunktion, ⇒Nachfragekurve

Preisbindung, *vertikale, auch: „Preisbindung der zweiten Hand“*, vertragliche Verpflichtung des Handels, beim Wiederverkauf einen bestimmten Preis einzuhalten. Die Preisbindung ist in Deutschland nur noch bei Verlagserzeugnissen gesetzlich erlaubt.

Preisdifferenzierung, Strategie der künstlichen Unterscheidung von Preisen. Arten: räumliche, zeitliche, kundenspezifische Preisdifferenzierung

Preiselastizität, das Verhältnis der prozentualen Nachfragemengenänderung zur prozentualen Preisänderung eines Gutes. Ergebnis ist eine Kennzahl, die angibt, wie der Umsatz auf eine Preisveränderung reagiert.

Preisempfindlichkeit, Verhältnis der absoluten Nachfragemengenänderung zur absoluten Preisänderung. Ergebnis ist die Steigung der Nachfragekurve, die angibt, wie der Absatz auf eine Preisänderung reagiert.

Preispolitik, alle Entscheidungen und Maßnahmen rund um die Preisgestaltung eines Produkts

Premiumpreisstrategie, langfristig angelegte Hochpreisstrategie

Primärforschung, selbstständige Erhebung der erforderlichen Marktforschungsinformationen vor Ort durch das Unternehmen

Product-Placement, gezieltes sichtbares Platzieren eines Markenprodukts in einem (Spiel-)Film

Produktdifferenzierung, ein Produkt wird in mehreren Varianten angeboten, um den Bedürfnissen verschiedener Zielgruppen besser gerecht zu werden.

Produkteliminierung, Aussondern eines Produkts aus dem ⇒Programm oder ⇒Sortiment

Produktgruppe, Produktlinie, Gruppe verwandter bzw. zusammengehöriger Produkte hinsichtlich Verwendungszweck oder Produktionsverfahren eines Industriebetriebs. Handelsbegriff: Warengruppe

Produktinnovation, Produkt, welches durch ein Unternehmen neu entwickelt und vermarktet wird. Sofern andere Hersteller dieses Produkt bereits anbieten, spricht man von „Me-too-Innovation" (Nachahmungsprodukt).

Produktlebenszyklus, Umsatzentwicklung eines Produkts (oder einer Produktgruppe) im Zeitablauf, welcher in Phasen (Einführungs-, Wachstums-, Reife-, Sättigungs- und Degenerationsphase) unterteilt wird

Produktlinie, ⇒Produktgruppe

Produktpolitik, alle Entscheidungen und Maßnahmen rund um die Produktgestaltung

Produktpositionierung, ⇒Positionierung

Produktvariation, *Relaunch*, Abänderung eines am Markt befindlichen Produktes. Die Anzahl der Produkte des ⇒Programms bleibt unverändert.

Programm, Gesamtheit der Artikel, die ein Industrieunternehmen anbietet

Promotionspreisstrategie, langfristig angelegte Niedrigpreisstrategie

Provision, umsatzabhängige Vergütung geleisteter Dienste, üblich bei ⇒Reisenden und ⇒Handelsvertretern

Public Relations (*PR*), *Öffentlichkeitsarbeit*, Teilbereich der ⇒Kommunikationspolitik, der für den Aufbau und die Pflege eines positiven Unternehmensimages in der Öffentlichkeit zuständig ist

Rack-Jobber, Hersteller oder Großhändler, denen in Handelsbetrieben Verkaufsraum oder Regalflächen zur Verfügung gestellt werden, um dort auf eigene Rechnung Waren anzubieten

Reisender, abhängig beschäftigter Außendienstmitarbeiter, welcher Kunden besucht, berät und Verkaufsgespräche vor Ort führt

Relaunch, ⇒Produktvariation

Salespromotion, ⇒Verkaufsförderung

Sammelwerbung, kollektive Werbung, bei der die werbenden Betriebe namentlich genannt werden

Segmentierung, ⇒Marktsegmentierung

Sekundärforschung, *Desk Research*, Teilbereich der Marktforschung, der auf bereits erhobene Daten zurückgreift

Skimmingstrategie, *Abschöpfungsstrategie*, Preisstrategie, bei der ein Preis zuerst sehr hoch angesetzt und dann langsam gesenkt wird

Soll-Ist-Vergleich, Vergleich der tatsächlich vorliegenden Ist-Werte mit den ursprünglich geplanten Soll-Werten, Aufgabengebiet des ⇒Marketing-Controllings

Soll-Wert, ⇒Soll-Ist-Vergleich

Sortiment, Gesamtheit der Artikel, die ein Handelsbetrieb anbietet

Sponsoring, systematische Förderung von Personen, Organisationen und Veranstaltungen mit Geld- oder Sachmitteln durch einen Sponsor zur Erreichung von Marketingzielen

strategisches Marketing, langfristige Planung der Grundausrichtung eines Unternehmens. Zu diesem Zweck werden ⇒ Marketingziele und ⇒ Marketingstrategien festgelegt, die dem ⇒ operativen Marketing als Vorgaben dienen.

Streukreis, in einem Werbeplan definierte ⇒Zielgruppe, die umworben werden soll

Streuplan, ⇒Mediaplan

Streuweg, Festlegung der ⇒Werbeträger und ⇒Werbemittel

Streuzeit, im ⇒Mediaplan festgelegte Zeiten der Schaltung von Werbung in den einzelnen ⇒Werbeträgern

Teilkostenrechnung, Kostenrechnung, die vor allem die ⇒variablen Kosten berücksichtigt

Umsatz, *Erlös*, Produktabsatz mal Produktpreis

Umsatzanteil, Anteil eines Produkts oder einer Produktgruppe am Gesamtumsatz des Unternehmens

unlauterer Wettbewerb, unfaire Marketingmaßnahmen, die gegen das Gesetz gegen den unlauteren Wettbewerb (UWG) verstoßen

unverbindliche Preisempfehlung, (*UVP*), öffentlich kommunizierte Empfehlung des Herstellers, einen bestimmten Preis vom Endverbraucher zu verlangen. Der Hersteller versucht dadurch, Einfluss auf die Preisgestaltung des Handels zu nehmen.

USP, „unique selling proposition", einzigartiger Verkaufsvorteil des eigenen Produkts gegenüber den Wettbewerbsprodukten

variable Kosten, *„veränderliche Kosten"*, Kosten, deren Höhe von der Ausbringungsmenge abhängig ist

Verkaufsförderung, Teilbereich der ⇒Kommunikationspolitik, der unterstützende Maßnahmen für ⇒Absatzorgane sowie für Kunden vorsieht und damit stets mittel- oder unmittelbar am Verkauf ansetzt

Verkäufermarkt, Markt, in dem die Nachfrage größer ist als das Angebot. Gegenteil: ⇒Käufermarkt

Verkaufsniederlassung, unternehmenseigene Verkaufsstützpunkte für den Endverbraucher

Vertriebsabteilung, dem ⇒Marketing untergeordnete betriebliche Abteilung, die für den Verkauf, die ⇒Akquisition sowie die Beratung der Kunden zuständig ist. Der Vertrieb beschäftigt Innen- und Außendienstmitarbeiter (⇒Reisende).

Vertriebsweg, ⇒Absatzweg

Vollkostenrechnung, Kostenrechnung, die sämtliche betrieblichen Kosten berücksichtigt

Wachstumsstrategien, *Marktfeldstrategien*, vier Produkt-Markt-Kombinationen, die ein Unternehmen abprüfen kann, um Wachstumschancen auszuloten. Kombiniert werden dabei alte und neue Produkte mit alten und neuen Märkten.

Webshop, Internetseite, auf der die Produkte eines Unternehmens angesehen und bestellt werden können. Der Webshop stellt somit eine Schnittstelle zwischen der ⇒ Distributionspolitik und der ⇒ Kommunikationspolitik dar.

Werbemittel, das eigentliche Werbeprodukt wie z. B. Werbeanzeige, TV-Spot, Radiospot, Plakat, Websitebanner, welches mithilfe des ⇒Werbeträgers übermittelt wird

Werbeplan, systematische Planung der Werbung in folgenden Schritten: Analyse von Ausgangssituation und ⇒ Zielgruppe, Werbebudget, Werbeziele, Werbebotschaft, Auswahl der Werbeträger (⇒Mediaplan)

Werberendite, Verhältnis von Umsatzzuwachs zu Werbekosten

Werbeträger, Medium, mit dessen Hilfe das ⇒Werbemittel transportiert wird, wie z. B. Zeitungen, Zeitschriften, TV-Sender, Kino, Radiosender, Plakatwände/-säulen, Websites im Internet

Werbung, bezahlter Einsatz von Massenmedien mit dem Ziel, Einfluss auf die Kaufentscheidung einer ⇒Zielgruppe zugunsten des werbenden Unternehmens auszuüben

Zielgruppe, auch ⇒ Streukreis, der Kreis der Adressaten, auf den eine Marketingmaßnahme abgestimmt ist

Zielkostenrechnung, *Target Costing*, marktorientierte Kostenrechnung, die nicht fragt, was ein Produkt kosten wird, sondern was es höchstens kosten darf. Die Zielkostenrechnung findet bereits vor der eigentlichen Produktentwicklung unter Mitwirkung aller betroffenen Verantwortlichen statt.

Zuschlagskalkulation, Verfahren der ⇒Vollkostenrechnung zur Kalkulation des Verkaufspreises unter Einbeziehung sämtlicher Kosten zuzüglich eines Gewinnzuschlags

zyklische Werbung, verstärkter Werbeaufwand bei hohem Unternehmensumsatz. Gegenteil: ⇒antizyklische Werbung

K Kann-Liste

Ich kann	Ja
Grundlagen	
das Marketing als betriebliche Funktion einordnen.	☐
Ziele und Aufgaben einer Marketingabteilung einordnen und erläutern.	☐
strategisches und operatives Marketing unterscheiden.	☐
Strategische Situationsanalysen	
eine SWOT-Analyse erstellen und erläutern.	☐
die Normstrategien aus der SWOT-Analyse ableiten.	☐
den Marktanteil, das Marktvolumen und das Marktpotenzial ermitteln.	☐
den Produktlebenszyklus und seine Phasen erläutern	☐
Empfehlungen aus der Analyse des Produktlebenszyklus ableiten.	☐
eine Portfolioanalyse erstellen und erläutern.	☐
beurteilen, ob ein Produktportfolio ausgewogen ist.	☐
die Normstrategien zur Portfolioanalyse kritisch diskutieren.	☐
Strategische Marketingplanung	
Marketingziele SMART formulieren.	☐
ökonomische (quantitative) und psychologische (qualitative) Marketingziele unterscheiden.	☐
drei Zielbeziehungen unterscheiden und betriebswirtschaftliche Schlussfolgerungen ableiten.	☐
alternative Wachstumsstrategien entwickeln und einordnen.	☐
die Größe eines Marktes oder eines Marktsegments überschlagen.	☐
begründen, warum das Marketing Märkte segmentiert.	☐
Märkte nach unterschiedlichen Kriterien segmentieren.	☐
alternative Marktsegmentierungsstrategien skizzieren und erläutern.	☐
begründen, warum ein Unternehmen sich im Wettbewerb positionieren muss.	☐
die Bedeutung eines Alleinstellungsmerkmals (USP) erläutern.	☐
Anforderungen an eine erfolgreiche Positionierung begründen.	☐
den Grundgedanken von Customer-Relationship-Strategien erläutern.	☐

Ich kann	Ja
Marktforschung	
die einzelnen Schritte einer Befragung benennen und erläutern.	☐
den Prozess einer Befragung planen.	☐
unterschiedliche Fragearten unterscheiden.	☐
Regeln der Fragebogenerstellung erläutern.	☐
einen qualifizierten Fragebogen entwickeln.	☐
begründen, warum ein Auswahlverfahren repräsentativ sein muss.	☐
alternative repräsentative Auswahlverfahren unterscheiden.	☐
ausgefüllte Fragebögen qualifiziert auswerten.	☐
ein Stärken-Schwächen-Profil für Wettbewerbsprodukte entwickeln.	☐
aus den Ergebnissen der Marktforschung konkrete Empfehlungen für den Marketingmix ableiten.	☐
unterschiedliche Forschungsgegenstände der Marktforschung benennen.	☐
die Primärforschung und die Sekundärforschung unterscheiden.	☐
die Begriffe Marktanalyse, Marktbeobachtung und Marktprognose erläutern.	☐
Produktpolitik	
ein Produktkonzept unter Einsatz von Kreativitätstechniken entwickeln.	☐
Wesen und Nutzen einer Marke erläutern.	☐
alternative Markenstrategien unterscheiden und erläutern.	☐
Programm- und Sortimentsentscheidungen unterscheiden und erläutern.	☐
produktpolitische Grundsatzentscheidungen (Innovation, Variation, Differenzierung, Eliminierung) erläutern und dem Produktlebenszyklus zuordnen.	☐
produktpolitische Detailentscheidungen (Produktgestaltung, Verpackungs-design, Markierung, Servicepolitik) erläutern.	☐
Preis- und Konditionenpolitik	
eine Nachfragekurve grafisch darstellen und interpretieren.	☐
das Nachfragegesetz erläutern und begründen.	☐
wichtige Ausnahmen des Nachfragegesetzes (Veblen-Effekt, Snob-Effekt, Giffen-Effekt) unterscheiden.	☐
die Merkmale und den Sinn des vollkommenen Marktes erläutern.	☐
die Empfindlichkeit unterschiedlicher Nachfragekurven interpretieren.	☐
die Elastizität von Nachfragekurven berechnen und erläutern.	☐

Ich kann	Ja
Preis- und Konditionenpolitik	
die Nachfragekurve und das Nachfragegesetz erläutern.	☐
die Preisempfindlichkeit der Nachfrage erläutern und die Preiselastizität der Nachfrage ermitteln und erläutern.	☐
eine überzeugende Preisstrategie entwickeln und präsentieren.	☐
den Listenverkaufspreis mithilfe einer Zuschlagskalkulation ermitteln.	☐
den Stückdeckungsbeitrag und den Gesamtdeckungsbeitrag ermitteln.	☐
die kurzfristige und die langfristige Preisuntergrenze bestimmen.	☐
dei Bedeutung der Teilkostenrechnung erläutern.	☐
die drei Orientierungsgrößen der Preispolitik erläutern.	☐
die Teilgebiete der Konditionenpolitik beschreiben.	☐
Distributionspolitik	
das Vertriebssystem eines Unternehmens grafisch darstellen und erläutern.	☐
unternehmenseigene und rechtlich selbstständige Absatzorgane unterscheiden und beschreiben.	☐
ermitteln, ob der Reisende oder der Handelsvertreter die günstigere Vertriebsalternative darstellt.	☐
Chancen und Risiken des Vertriebswegs „Electronic Commerce" diskutieren.	☐
einen einfachen Webshop mit einer Freeware entwickeln.	☐
direkten und indirekten Absatz unterscheiden.	☐
Aufgaben der Marketinglogistik beschreiben.	☐
Kommunikationspolitik	
grundlegende Techniken der Werbepsychologie einordnen und erläutern.	☐
Aufbau und Inhalt eines Werbeplans beschreiben und erläutern.	☐
einen strukturierten Werbeplan entwickeln und begründen.	☐
eine Werbeanzeige mithilfe von Techniken der Werbepsychologie entwickeln.	☐
Chancen und Risiken einer Social-Media-Kampagne analysieren.	☐
das Konzept des Content-Marketings und des Storytellings erläutern.	☐
die Schritte einer Social-Media-Kampagne benennen und erläutern.	☐
Instrumente der Kommunikationspolitik benennen und beschreiben.	☐
die AIDA-Formel erläutern.	☐
das Konzept einer Corporate Identity (ID) erläutern.	☐

Ich kann	Ja
Marketingcontrolling	
Soll-Ist-Abweichungen des Erfolgs einzelner Produktgruppen sowie des Betriebserfolgs ermitteln und analysieren.	☐
Soll- Ist-Abweichungen wichtiger Kennzahlen des Werbeerfolgs ermitteln und analysieren.	☐
Soll-Ist-Abweichungen von Deckungsbeiträgen ermitteln und analysieren.	☐
Soll-Ist-Abweichungen von E-Commerce-Kennzahlen ermitteln und analysieren.	☐
Handlungsprodukte und Projekte (Anhang)	
ein Befragungsprojekt planen, durchführen und evaluieren.	☐
ein Produktkonzept entwickeln, begründen und evaluieren.	☐
eine Werbekampagne planen, durchführen und evaluieren.	☐
ein Marketingkonzept entwickeln, begründen und evaluieren.	☐

L Anhang: Checklisten für Marketingprojekte

Checkliste: Projekt Befragung	
Vorbereitung	
☐	Ist das Ausgangsproblem des Auftraggebers eindeutig geklärt?
☐	Liegen alle Befragungsziele des Auftraggebers eindeutig formuliert und schriftlich vor?
☐	Ist ein repräsentatives Auswahlverfahren festgelegt – und kann es begründet werden?
Fragebogenerstellung	
☐	Liegen alle erforderlichen Informationen zur Fragebogenerstellung schriftlich vor?
☐	Sind bei allen Fragen des Fragebogens
	☐ geeignete Fragearten ausgewählt?
	☐ die 12 Regeln der Fragebogenerstellung beachtet?
☐	Ist der Fragebogen getestet und, sofern erforderlich, überarbeitet?
☐	Liegt der fertige Fragebogen in ausreichender Anzahl am rechten Ort vor?
Auswertung	
☐	Sind die ausgefüllten Fragebögen auf Vollständigkeit und Gültigkeit überprüft?
☐	Sind alle geplanten Diagramme grob skizziert und
	☐ tragen zur Erreichung der Befragungsziele bei?
	☐ bringen die Hauptaussagen deutlich zum Ausdruck?
	☐ sind leicht verständlich?
☐	Sind alle Antworten diagrammgerecht ausgezählt?
☐	Sind alle Diagramme in einer geeigneten Software erstellt?
☐	Liegen alle Diagramme vollständig beschriftet (Titel, Achsen, Legenden) vor?
Ergebnisdokumentation	
☐	Werden Anlass und Ziele der Befragung nachvollziehbar erläutert?
☐	Wird das Auswahlverfahren vorgestellt und begründet?
☐	Werden Aufbau und Fragen des Fragebogens nachvollziehbar begründet?
☐	Sind alle Diagramme enthalten und gut lesbar?
☐	Wird jedes Diagramm plausibel erläutert?
☐	Werden aus den Ergebnissen plausible Empfehlungen abgeleitet?
☐	Gibt es ein Deckblatt und ein Inhaltsverzeichnis mit Seitenzahlen?
☐	Liegt die Ergebnisdokumentation in ausreichender Anzahl gebunden vor?

Checkliste: Projekt Produktkonzept	
Anforderungen an das Produkt	
☐	Sind alle Kundenanforderungen an das Produkt bekannt?
☐	Ist geprüft, ob sich Anforderungen aus erfolgreichen Konkurrenzprodukten ableiten lassen?
☐	Ist geprüft, ob sich Anforderungen aus der Positionierungsstrategie ableiten lassen?
☐	Sind sonstige Anforderungen (des Auftraggebers, des Entwicklerteams usw.) erfasst?
☐	Liegen alle Anforderungen schriftlich vor und sind unmissverständlich formuliert?
Ideenworkshop: Produkt und Produktname	
☐	Sind bereits existierende Produktideen recherchiert und berücksichtigt?
☐	Haben für die Ideenentwicklung kreative Querdenker zugesagt?
☐	Sind geeignete Kreativitätstechniken ausgewählt und sorgfältig vorbereitet?
☐	Sind ausreichend originelle und geeignete Produktideen entwickelt worden?
☐	Sind ausreichend originelle und geeignete Ideen für Produktnamen entwickelt worden?
☐	Sind alle Ideen dokumentiert?
☐	Sind die besten Ideen nachvollziehbar (z. B. mit einer Nutzwertanalyse) ausgewählt?
Dokumentation (Produktkonzept)	
☐	Sind alle Anforderungen aufgeführt und im Bedarfsfall erläutert?
☐	Ist das Produktdesign in nachvollziehbaren Entwürfen (Skizzen, Zeichnungen usw.) visualisiert?
☐	Sind das Produkt und seine Komponenten verständlich beschrieben?
☐	Ist der entwickelte Produktname ausgewiesen und plausibel begründet?
☐	Ist die geplante Verpackung visualisiert und nachvollziehbar begründet?
☐	Sind alle Anlagen (Anforderungen, alternative Ideen, Nutzwertanalysen usw.) beigefügt?
☐	Gibt es ein Deckblatt und ein Inhaltsverzeichnis mit Seitenzahlen?
☐	Liegt das Produktkonzept in ausreichender Zahl gebunden vor?
☐	Liegt eine schriftliche Empfangsbestätigung des Auftraggebers vor?
Prototyp	
☐	Ist ein geeignetes Material (Pappe, Folie, Modelliermasse usw.) ausgewählt?
☐	Ist der Prototyp auf Eignung (Anschaulichkeit, Transportierbarkeit usw.) überprüft?
☐	Stimmt der fertige Prototyp mit dem Produktkonzept überein?

Checkliste: Projekt Werbekampagne	
Werbe- und Mediaplan	
☐	Sind das Unternehmen und der Markt analysiert?
☐	Ist das Werbeobjekt (Produkt, Produktmerkmale usw.) nachvollziehbar beschrieben?
☐	Ist die Zielgruppe präzise beschrieben?
☐	Ist das Werbebudget ausgewiesen?
☐	Liegen SMART formulierte Werbeziele schriftlich vor?
☐	Ist die Werbebotschaft schriftlich formuliert und mit der Positionierungsstrategie vereinbar?
☐	Liegt ein Mediaplan vor – und ist er vereinbar mit den Werbezielen und dem Werbebudget?
Printmedien (Prospekt, Plakat, Flyer)	
☐	Liegt ein Entwurf (Skizze) vom geplanten Printmedium vor und berücksichtigt er ☐ den Werbeplan? ☐ die Techniken der Werbepsychologie?
☐	Liegen die geplanten Fotos in ausreichender Qualität (Auflösung, Schärfe usw.) vor?
☐	Ist das geplante Layout technisch umsetzbar?
☐	Ist die Rechtschreibung überprüft?
Werbespot (TV)	
☐	Liegt ein Entwurf des Werbespots (Grobkonzept, Storyboard) vor und berücksichtigt er ☐ den Werbeplan? ☐ die Techniken der Werbepsychologie?
☐	Ist die Technik organisiert (Kamera, Stativ, Mikrofon, Schneidesoftware usw.)?
☐	Sind die Drehorte reserviert?
☐	Ist die Bildqualität ausreichend (Belichtung, Bildruhe, Schärfe usw.)?
☐	Ist die Tonqualität ausreichend (verständliche Sprache, keine Störgeräusche usw.)?
☐	Sind regionale Sendeanstalten informiert?
☐	Ist der fertige Werbespot im erforderlichen Dateiformat abgespeichert?
Werbespot (Hörfunk)	
☐	Liegt ein Konzept des Werbespots vor und berücksichtigt es ☐ den Werbeplan? ☐ die Techniken der Werbepsychologie?
☐	Ist die Technik organisiert (Mikrofon, Software usw.)?
☐	Liegen geplante Musikbeiträge, Geräusche, Jingles usw. als Dateien vor?
☐	Sind die einzelnen Sprachaufnahmen („Takes“) mit den Jingles usw. abgestimmt?
☐	Ist die Tonqualität ausreichend (verständliche Sprache, keine Störgeräusche usw.)?
☐	Sind regionale Sendeanstalten informiert?
☐	Ist der fertige Werbespot im erforderlichen Dateiformat abgespeichert?

Checkliste: Social-Media-Konzept	
1 Vision und Positionierung	
☐	Können wir erklären, warum es uns gibt und wofür wir stehen?
☐	Haben wir unser Alleinstellungsmerkmal (USP) bestimmt bzw. beachtet?
2 Zielgruppe	
☐	Haben wir unsere Zielgruppe klar definiert bzw. eingegrenzt?
☐	Haben wir unsere Zielgruppe sorgfältig analysiert (Interessen, Probleme usw.)?
3 Situation	
☐	Was denkt unsere Zielgruppe über uns bzw. wie ist unser Image?
☐	Gab es bereits Social-Media-Aktivitäten, die wir bedenken müssen?
☐	Gibt es erfolgreiche Wettbewerber?
4 Ziele und Kanäle	
☐	Kampagnenziel: Haben wir geklärt, was wir im Rahmen der Kampagne erreichen wollen?
☐	Welche sozialen Medien sind für die Zielsetzung besonders geeignet?
☐	Welche Möglichkeiten (Tools, Features, Instrumente) bieten diese Medien?
☐	Haben wir die Chancen und Risiken der Kampagne sorgfältig analysiert?
5 Content, Storytelling und Influencer	
☐	Ist ein überzeugender Content (Inhalt) geplant?
☐	Verdeutlicht der geplante Content unsere Vision und unsere Positionierung?
☐	Ist der Content nützlich und attraktiv für unsere Zielgruppe?
☐	Gibt es eine zielgruppengerechte und fesselnde Story?
☐	Ist der Content bzw. die Story für die Zielgruppe glaubwürdig?
☐	Gibt es einen Content-Kalender („Welcher Inhalt wann in welchem Medium?")?
☐	Haben wir geklärt, ob und welche Influencer eingesetzt werden sollen?
6 Aufwand und Budget	
☐	Können wir die Kampagne durchhalten (Pflege, Aktualisierungen usw.)?
☐	Ist die Einschaltung einer Agentur geplant?
☐	Haben wir das erforderliche Gesamtbudget ermittelt?
☐	Ist das Budget realistisch?
☐	Ist die Finanzierung geklärt bzw. mit den Verantwortlichen abgestimmt?
7 Realisierung und Erfolgskontrolle	
☐	Sind die grundlegenden Zuständigkeitsbereiche mit den Verantwortlichen abgestimmt?
☐	Wurde eine To-Do-Liste („Wer macht was bis wann?") für alle Aktivitäten erstellt?
☐	Gab es ein Briefing (Einsatzbesprechung, Infoveranstaltung) für alle Beteiligten?
☐	Ist geklärt, wie der Erfolg (Zielerreichung) der Kampagne gemessen bzw. überprüft wird?

Checkliste: Projekt Marketingkonzept Teil I: Strategisches Marketing	
Strategische Analysen	
☐	Sind die Stärken, Schwächen, Chancen und Risiken analysiert?
☐	Sind die wichtigsten Marktgrößen (Marktvolumen, Marktanteile, Marktpotenzial) analysiert?
☐	Sind relevante Produktlebenszyklen analysiert?
☐	Ist das Produktportfolio des Unternehmens analysiert?
☐	Liegen alle Analyseergebnisse schriftlich vor?
Marketingziele	
☐	Sind ökonomische und psychologische Ziele bedacht worden?
☐	Sind alle Marketingziele SMART formuliert?
☐	Sind konfliktäre Ziele priorisiert?
☐	Sind die Ziele und relevante Zielbeziehungen dokumentiert?
Wachstumsstrategien (Marktfeldstrategien)	
☐	Sind folgende Wachstumsstrategien auf Eignung überprüft? ☐ Marktdurchdringung ☐ Marktentwicklung ☐ Produktentwicklung ☐ horizontale, vertikale, laterale Diversifizierung
☐	Liegen begründete Empfehlungen in schriftlicher Form vor?
Massenmarktstrategie/Segmentierungsstrategie	
☐	Ist überprüft, ob eine Massenmarkt- oder eine Segmentierungsstrategie angebracht ist?
☐	Ist geprüft, ob das Unternehmen im Falle der Marktsegmentierung ☐ sich auf ein Marktsegment konzentrieren sollte? ☐ ausgewählte Marktsegmente differenziert bearbeiten sollte? ☐ alle Marktsegmente differenziert bearbeiten sollte?
☐	Liegen begründete Empfehlungen in schriftlicher Form vor?
Positionierungsstrategie	
☐	Ist analysiert, in welchen Bereichen das Unternehmen dem Wettbewerb überlegen ist?
☐	Ist ein Alleinstellungsmerkmal für die Positionierung ausgewählt und begründet?
☐	Ist die derzeitige Positionierung ☐ einfach, klar, einprägsam und glaubwürdig? ☐ nicht ohne Weiteres von der Konkurrenz kopierbar? ☐ langfristig angelegt?
☐	Liegen begründete Empfehlungen in schriftlicher Form vor?

Teil II: Operatives Marketing (Marketingmix)	
Produkt- und Programmpolitik	
☐	Liegen zu folgenden Entscheidungen begründete Empfehlungen vor? ☐ Produktinnovation, -variation, -differenzierung, -elimination ☐ Produktgestaltung (Funktionen, Qualität, Design, Umweltverträglichkeit usw.) ☐ Verpackungsgestaltung (Nutzung der Verpackungsfunktionen) ☐ Markierung (Einzel-, Familien-, Dachmarke) ☐ Kundenservice (Kundendienst, Lieferleistungen, Garantieleistungen, Zusatzleistungen) ☐ Ausgewogenheit des Produktprogramms (Breite, Tiefe, Kern- und Randsortiment)
Preis- und Konditionenpolitik	
☐	Liegen zu folgenden Entscheidungen begründete Empfehlungen vor? ☐ Preisbestimmung unter Berücksichtigung von Nachfrage, Kosten und Konkurrenz ☐ Preisstrategien (Preispositionierung, -differenzierung, -schwellen, -durchsetzung usw.) ☐ Konditionen (Rabatte, Lieferbedingungen, Zahlungsbedingungen, Absatzfinanzierung)
Vertriebspolitik	
☐	Liegen zu folgenden Entscheidungen begründete Empfehlungen vor? ☐ Einschaltung unternehmenseigener Absatzorgane [Reisende, Filialen, Onlineshop usw.] ☐ Einschaltung rechtlich selbstständiger Absatzorgane (Handel, Franchise, Handelsvertreter usw.) ☐ Auswahl von Lager und Transportmittel und Transportverpackung
Kommunikationspolitik	
☐	Liegen zu folgenden Entscheidungen begründete Empfehlungen vor? ☐ Corporate Identity (Corporate Design, Corporate Behavior) ☐ Klassische Werbung (Flyer, Prospekte, Plakate, Zeitungen, Hörfunk-/TV-Spots usw.) ☐ Onlinewerbung im Web 1.0 (Website, Banner, Anzeigen in Suchmaschinen usw.) ☐ Onlinewerbung im Web 2.0 (soziale Netzwerke, Blogs, Communities usw.) ☐ Product-Placement (Schleichwerbung in Filmen) ☐ Public Relations (Betriebsbesichtigungen, Pressekonferenzen, Diskussionen usw.) ☐ Sponsoring (T-Shirts von Sportvereinen usw.) ☐ Messen und Ausstellungen ☐ Verkaufsförderung (für Vertriebsmitarbeiter, Handel oder Konsumenten) ☐ Direktkommunikation (persönlich adressierte Werbesendungen, Telefonwerbung usw.) ☐ Eventmarketing (Konzerte, Sportveranstaltungen usw.)
Abschlussarbeiten	
☐	Sind alle Empfehlungen aufeinander abgestimmt (Marketingmix)?
☐	Gibt es ein Deckblatt und ein Inhaltsverzeichnis mit Seitenzahlen?
☐	Liegt das Konzept in verlangter Form und Anzahl vor?

M Sachwortverzeichnis

A

B

C

D

E

F

G

H

I

K

M

N

O

P

Q

R

S

T

U

V

W

Z

N Quellenverzeichnis

Bildquellenverzeichnis

3M Deutschland GmbH, Neuss: 63.4.
Bausparkasse Schwäbisch Hall AG, Schwäbisch Hall: Bausparkasse Schwäbisch Hall AG, Stand 01.2022 93.1.
Beiersdorf AG, Hamburg: 63.3.
Coca-Cola GmbH, Berlin: 63.1.
Daimler AG, Stuttgart: 63.2.
fotolia.com, New York: cirquedesprit 48.1; Yuri Arcurs 105.1.
Getränke Ahlers GmbH, Achim/H&K+S/Agentur für Werbung, Achim: 92.1.
Jouve Germany GmbH & Co. KG, München: 10.1, 19.1, 20.1, 20.2, 20.3, 20.4, 21.1, 23.1, 27.1, 27.2, 27.3, 27.4, 31.1, 32.1, 33.1, 33.2, 33.3, 33.4, 33.5, 33.6, 33.7, 33.8, 33.9, 33.10, 33.11, 33.12, 33.13, 34.1, 39.1, 41.1, 51.1, 69.1, 70.1, 70.2, 70.3, 71.1, 74.1, 74.2, 74.3, 74.4, 74.5, 86.1, 95.1, 97.1, 97.2.
Picture-Alliance GmbH, Frankfurt a.M.: dpa-infografik GmbH 88.1.
stock.adobe.com, Dublin: fizkes 7.1, 73.1; fotomowo - stock.adobe.com 109.1, 109.2, 109.3, 109.4, 109.5, 109.6, 109.7, 109.8, 109.9, 109.10, 109.11, 109.12, 109.13, 109.14, 109.15, 109.16; NDABCREATIVITY 42.1; Rido 11.1; WavebreakMediaMicro Titel.
wgr-schulbuchseiten, Braunschweig: 3.1.
YPS - York Publishing Solutions Pvt. Ltd.: 35.1.

Literaturverzeichnis

Becker, Jochen: Marketingkonzeption – Grundlagen des ziel-strategischen und operativen Marketing-Managements, Vahlen, München, 11., aktualisierte und ergänzte Auflage 2019
Berekoven, Ludwig; Werner Eckert; Peter Ellenrieder: Marktforschung – Methodische Grundlagen und praktische Anwendung, Springer Gabler, Wiesbaden, 10. Auflage 2004
Bruhn, Manfred: Marketing – Grundlagen für Studium und Praxis, Springer Gabler, Wiesbaden, 14. Auflage 2019
Grabs, Anne; Elisabeth Vogl, Karim-Patrick Bannour: Follow me!, Rheinwerk, Bonn, 6. Auflage 2021
Gruner & Jahr AG & Co KG [Hrsg.]: Kommunikationsanalyse – Frauen in Deutschland: Einstellungen, Marken, Medien, Hamburg 2012
Kotler, Philip; Gary Armstrong, Lloyd C. Harris, Nigel Piercy: Grundlagen des Marketing, Pearson/STARK, München, 7. aktualisierte Auflage 2019
Kotler, Philip; Friedhelm Bliemel: Marketing-Management – Analyse, Planung und Verwirklichung, Pearson, München, 10., überarbeitete und aktualisierte Auflage 2001
Kroeber-Riel, Werner; Franz-Rudolf Esch: Strategie und Technik der Werbung, Kohlhammer, Stuttgart, 8. aktualisierte und überarbeitete Auflage 2015
Kreutzer, Ralf T.: Praxisorientiertes Online-Marketing, Springer Gabler, Wiesbaden, 4. Auflage 2021
Kreutzer, Ralf T.: Praxisorientiertes Marketing – Grundlagen, Instrumente, Fallbeispiele, Springer Gabler, Wiesbaden, 5. Auflage 2017
Kuß, Alfred; Michael Kleinaltenkamp: Marketing – Einführung, Grundlagen, Überblick, Beispiele, Springer Gabler, Wiesbaden, 8. Auflage 2020
Meffert, Heribert; Christoph Burmann, Manfred Kirchgeorg, Maik Eisenbeiß: Marketing: Grundlagen marktorientierter Unternehmensführung. Konzepte – Instrumente – Praxisbeispiele, Springer Fachmedien, Wiesbaden, 13. Auflage 2018
Nieschlag, Robert: Erwin Dichtl, Hans, Hörschgen: Marketing, Duncker & Humblot, Berlin, 19., überarbeitete und ergänzte Auflage 2002
Porter, Michael E.: Wettbewerbsstrategie: Methoden zur Analyse von Branchen und Konkurrenten. Aus dem Engl. von Volker Brandt und Thomas Carl Schwoerer, Campus, Frankfurt am Main, 12. Auflage 2013
Scharf, Andreas; Bernd Schubert, Patrick Hehn: Marketing – Einführung in Theorie und Praxis, Schäffer-Poeschel, Stuttgart, 7. Auflage 2022
Schmidt, Andreas: Kostenrechnung – Grundlage der Vollkosten-, Deckungsbeitrags- und Plankostenrechnung sowie des Kostenmanagements, Kohlhammer, Stuttgart, 9., aktualisierte Auflage 2022
Schnell, Rainer; Paul B. Hill, Elke Esser-Weckmann: Methoden der empirischen Sozialforschung, De Gruyter Oldenbourg, München, 12., aktualisierte und erweiterte Auflage 2022
Schweiger, Günter; Gertraud Schrattenecker: Werbung, utb, Stuttgart, 10. Auflage 2021
Weis, Hans Christian: Marketing, NWB, Herne, 18. Auflage 2018